日常学習～大学受験まで

学びの効率が一気に上がる

東大卒女子の最強勉強計画術

みおりん

Gakken

はじめに

2013年3月10日、東京大学の合格発表日。地方に住んでいたわたしは車と電車を乗り継いで両親とともに本郷(ほんごう)キャンパスを訪れ、発表の瞬間を待っていました。大きな大きなどきどきと、ほんのちょっとのわくわくを胸に。

だけどその数十分後、合格掲示板にわたしが自分の番号を見つけることはありませんでした。

帰り道の記憶がなくて。家に帰ると自分の部屋にこもって泣きました。だけど本当は、不合格の原因なんてよくわかっていました。

それはシンプルに、やるべき勉強を試験日までに終わらせることができなかった、ということでした。受験勉強のやり方がよくわからなかったわたしは、ろくに計画も立てぬままがむしゃらに突き進んでしまったのです。結果、まったく実力がつかない状態で試験当日を迎え、案の定大差で不合格となってしまったのでした。

とても落ち込みましたが、めそめそしているうちに「来年は絶対に合格してやる！」という気持ちがむくむくと湧いてきて、合格発表の翌日までには1年分の勉強計画を作りました。これが、それまで計画倒れをくり返したり無計画に突き進んだりしてきたわたしが作った、夢を叶えるための初めてのまともな勉強計画です。

わたしは塾や予備校に通わない自宅浪人（宅浪）という方法を選んだので、日々正しい計画に沿って勉強することは合格のための必須条件でした。様々な試行錯誤を重ね、1年かけて計画づくりの方法を確立していきました。

そして迎えた、翌年の3月10日。その年は現地での合格発表がなく、わたしは実家のパソコンの前で、緊張しながらそのときが来るのを待っていました。

正午になり、画面が切り替わります。

そこにはわたしの受験番号が、しっかりと刻まれていました。わたしは安堵(あんど)から、へなへなと力が抜けてしまいそうな気持ちになりました。

それは、計画的に勉強するためにわたしが積み重ねてきた泥くさい努力が、確かな勝利を収めた瞬間でした。

「勉強計画の立て方がわからない」「計画を立ててもすぐに崩れてしまう」……そんなお悩みを抱えている人も、絶対に大丈夫です。なぜなら、わたしも同じことで悩んできたから。本書では、わたしが確立してきた計画術を、基礎知識からシチュエーション別の実践方法まで余すところなく解説します。

適切な勉強計画を立てることは、夢への大切な第一歩。わたしと一緒に、その一歩を楽しく踏み出していきましょう。

CONTENTS

本書は**6つのチャプター**から構成されています。

チャプター1「勉強計画の基礎知識」では、勉強計画の種類と、計画を立てる基本の流れを中心にお話しします。

つづく**チャプター2「基本の勉強計画術」**では、計画を立てる・実行する・振り返る際のそれぞれの詳しいポイントや、計画がずれてしまったときの対処法などをお話しします。

チャプター3〜6は、シチュエーション別の計画術を詳しく解説します。お悩みに合わせて、どこから読んでいただいてもかまいません。迷う場合は、左ページのお悩みチェックを活用してください。

巻末の**「みおりんのお悩み相談室」**では、みなさんからいただいた勉強にまつわるお悩みに、Q&A方式でお答えしています。ゆるりとお話をしているので、気分転換も兼ねて楽しく読んでいただけたらと思います。

＼どこから読むか迷ったら／

お悩みチェックをしてみよう！

- いま、テスト前や入試の前ではない
- 学校の成績を上げたい
- 普段どんな勉強をすればいいかわからない
- いつも部活が忙しくて、思うように勉強ができない
- 一日の理想的な勉強ルーティンを知りたい

→ チャプター3「普段の勉強計画術」がおすすめ！

- 学校のテストの点数を上げたい
- テスト前、いつもやるべきことが終わらない
- テスト勉強でなにをすればいいかわからない
- なるべく短い時間でテストの勉強計画を立てたい
- テストの振り返りや復習のやり方がわからない

→ チャプター4「テストの勉強計画術」がおすすめ！

- 長期休みになにをすればいいかわからない
- 充実した長期休みを過ごしたい
- 遅れている勉強や苦手な科目・単元がある
- 部活で忙しいけど長期休みにはしっかり勉強したい
- 受験生になってから焦りたくない

→ チャプター5「長期休みの勉強計画術」がおすすめ！

- 大学受験を見据えて勉強したい
- 受験勉強をなにから始めればいいかわからない
- 憧れの大学があるけど勉強法がわからない
- 志望校がまだ決まっていないけど受験の対策はしたい
- 効率的に勉強して志望校に合格したい

→ チャプター6「受験の勉強計画術」がおすすめ！

chapter
01

勉強計画の基礎知識

「勉強計画を常に完璧に作れている！」という人はなかなかいないのではないでしょうか。「いつどんな計画を立てればいいかわからない」「そもそも計画なんて必要ないのでは？」と思っている人もいるかもしれません。

このチャプターでは、計画を立てる目的や基本的な流れ、計画の種類など、勉強計画について最初に知っておきたい基礎知識を解説します。

tips

01

そもそも勉強計画は必要？

「そもそも勉強計画って必要なの？」「どうせ計画倒れしてしまうから、最初から計画なんて立てない！」と思っている人もいるかもしれません。じつはわたしも高3のときの大学受験では、とんでもない回数の計画倒れを経験した末に**「もうどうでもいい！　がむしゃらにやってやる！」**と計画なしで勉強を進める作戦をとっていました。

それでなにが起きたかというと、志望校だった東大に大差で落ちてしまったのです。理由はすごく単純で、**「やるべき勉強が試験までに終わらなかった」**ということでした。

なぜやるべきことが終わらなかったかというと、それはやはり**計画的に勉強できなかったから**です。「いつまでになにをしなければいけなくて、いま自分はどれくらい進んでいるのか（あるいは遅れをとっているのか）」ということがわからないまま手探りで進んだ結果、気づいたらまったくの手遅れになっていた、というわけです。

特にプランを考えなくても期限までに終わらせられるような、ちょっとした勉強であれば、計画を立てる必要はありません。わたしも日常では、必要最低限のプランニングにとどめていました。

ですが、普段の勉強がなかなか捗（はかど）らなかったり、定期テストで思うような結果を出せなかったりしている場合は、計画的に勉強する練習が必要です。また、長期にわたって広範囲の勉強が必要になる大学受験でも、勉強計画は不可欠といえます。

勉強計画の目的は、「やるべきことを期限までに終わらせられるようにすること」。これを理解したうえで、元「計画倒れの女王」みおりんと一緒に勉強計画術を身につけていきましょう！

tips

02

勉強計画の種類

勉強計画とひとくちにいっても、どんな計画を立てるべきかはシチュエーションによって変わってきます。本書では、次の**4種類**の勉強計画について解説します。

❶普段の勉強計画

どんな計画？

直近でテストや入試などがないときの、**日常的な勉強の計画**です。毎日、その日に勉強する内容の計画を立てます。

学校の課題を提出期限までにこなすことが第一の目的ですが、余裕があれば自分で決めたプラスαの勉強（苦手を克服するための勉強や受験に向けての準備、資格試験・検定試験の対策など）も盛り込みます。

どんな人に必要？

- 学校の課題が提出期限に間に合わなかったり、忘れたりしてしまうことがある
- テスト前以外の時期は、なにを勉強していいかわからなくなってしまう
- 学校の課題に加えて、プラスαの勉強をコツコツ進めたい

といった人に必要な勉強計画です。

逆に、課題をしっかりこなせていて、それ以外の勉強でも困っていないという人は無理に作らなくてもかまいません。ただし、その日になにを勉強するかということは常に考えるようにしておきましょう。

普段の勉強計画術は、チャプター3で詳しく解説します。

❷定期テストの勉強計画

どんな計画？

中間テストや期末テストなど、**学校の定期テストに向けた勉強計画**です。

テスト範囲が発表されてからテスト当日までの2～3週間程度のプランを立てます。「当日までにテスト範囲の勉強内容を網羅し、疑問をなくしておくこと」を目標に作っていきます。

どんな人に必要？

- テスト範囲の勉強が終わらないことがある
- 行き当たりばったりでテスト勉強をしてしまう
- テストでいい点数をとりたい

といった人に必要な勉強計画です。

計画を立てなくても、当日までにすべての範囲の勉強を終え、納得のいく点がとれている場合はＯＫですが、できればざっくりでもプランを考えておいたほうが得点アップにつながります。

定期テストの勉強計画術は、チャプター４で詳しく解説します。

③長期休みの勉強計画

どんな計画？

夏休み・冬休み・春休みといった**2週間程度以上の長期休みのための勉強計画**です。

学校の課題や宿題をこなすことに加え、長い休みだからこそできる苦手克服のための勉強や読書なども盛り込み、充実した休み期間を過ごすことが目的です。

どんな人に必要？

- 長期休みの課題や宿題を計画的に終わらせたい
- 長期休みになにをしていいかわからない
- 充実した長期休みを過ごしたい

といった人に必要な勉強計画です。

特に夏休みは日数もかなり多いので、課題や宿題を確実に終わらせるためにも、毎日を無駄なく過ごすためにも、なるべく作っておきたいところです。

④受験の勉強計画

どんな計画？

大学など、**志望校に合格するために立てる長期的な勉強計画**です。

受験勉強では決まった期間内にやらなければならないことがたくさんあります。それらをやることリストとして整理し、**年間計画・月間計画・デイリー計画**に落とし込んで入試当日までに完了させることが目的です。

どんな人に必要？

● 受験する人全員（特に大学受験）

受験勉強は数カ月〜数年をかけて進める必要があるため、どんな人でも計画を立てることが必須です。逆にノープランで走り出してしまうと、高校3年生のときのわたしのように、入試当日までにやるべきことが終わらず不合格になってしまう可能性が高くなります。

受験の勉強計画術は、
チャプター6で詳しく解
説します。

tips

03

勉強計画の基本の流れ

さっそく勉強計画を立てる……前に、まずは**勉強計画の基本の流れ**をおさえておきましょう。

計画は一度立てればそれで終わり！　ではありません。下のような三角形をイメージしてください。

この図のように、計画には**「1立てる」「2実行する」「3振り返る」**のアクションがあり、「振り返る」の次はまた「立てる」もしくは「実行する」につながって、くるくるとサイクルになっています。

そして、「立てる」の部分はさらに**「1書き出す」「2見積もる」「3割り振る」**という3つのステップに分かれます。

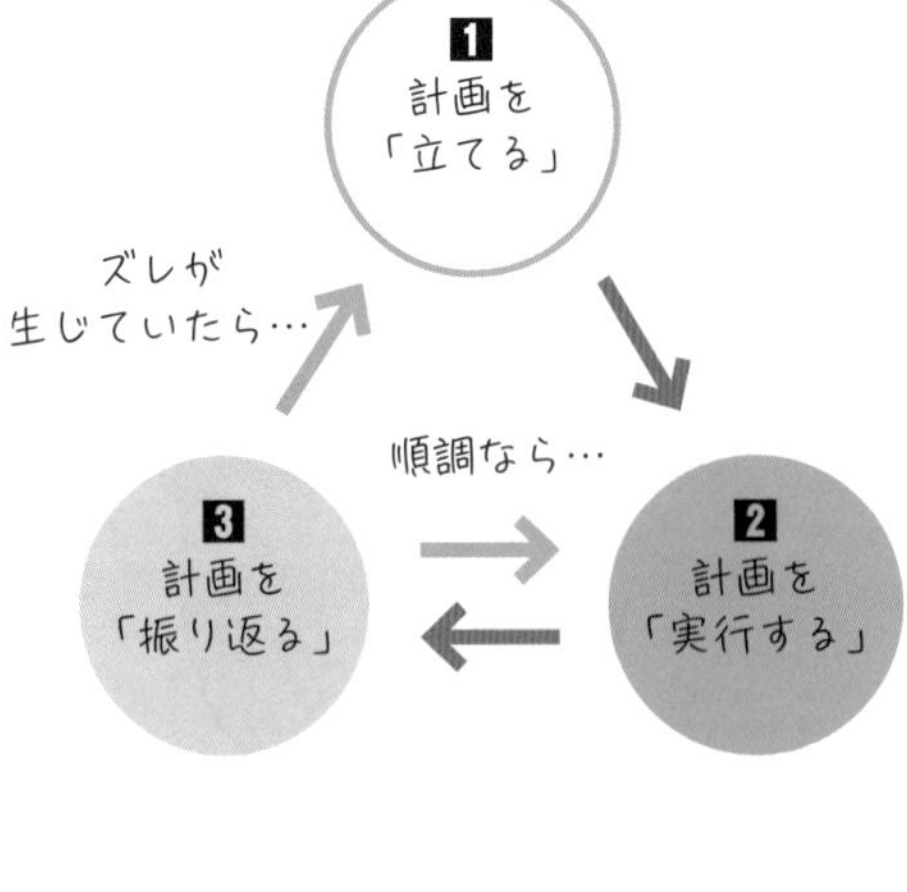

1 計画を「立てる」

2 計画を「実行する」

3 計画を「振り返る」

順調なら…

ズレが生じていたら…

勉強計画3つのアクション

1 立てる
ゴールとやるべきことを確認し、計画に落とし込む

- ❶ **書き出す**
- ❷ **見積もる**
- ❸ **割り振る**

2 実行する
立てた計画にしたがって勉強を進める

3 振り返る
計画どおり進んでいるかを確認し、ズレが生じている場合は修正を行う。順調なら引き続き実行する

詳しい実践方法はチャプター３以降でお話しするので、まずはそれぞれどんなステップなのかをおさえておきましょう！

「1 立てる」ための3つのステップ

①書き出す

まずはやることを書き出す、つまり**「やることリストをつくる」**作業からスタートです。

期限（試験日や課題の提出日、長期休みの最終日など）までに片づけなければいけない内容をすべてリストアップします。ここで**漏れのないようにしておくこと**が重要です。詳しくはチャプター6で解説しますが、特に受験においては、志望校合格のためにやるべきことを細かく調べつくす必要があります。

②見積もる

やることリストができたら、**その一つひとつの「やること（タスク）」について、かかる時間を正確に予想します**。これが**「見積もる」**という作業。見落とされがちですが、じつは最も大切なステップです。

計画倒れが起こる最大の原因は「見積もりが甘い」ことです。

たとえば、30分で終わると思っていた課題に1時間かかってしまった、というような経験はありませんか？　一つひとつのズレはたいしたことがなくても、積もり積もると大きな遅れになり、計画倒れを起こす要因になってしまいます。これを防ぐため、各タスクにかかる時間を正確に見積もることが必要なのです。

③割り振る

見積もりができたら、**それぞれのタスクをいつやるのか**を決めていきます。

たとえば、定期テストの計画なら「このタスクはこの日、このタスクはこの日にやろう」、受験の年間計画なら「この参考書は5月、この問題集は8月にやろう」というふうに、勉強計画の種類に合わせてタスクを割り振っていきます。

まとめると、勉強計画のサイクルは下図のようになります。次のチャプターからはこのサイクルに沿ってポイントを解説するので、まずはこの図を頭に入れておいてくださいね。

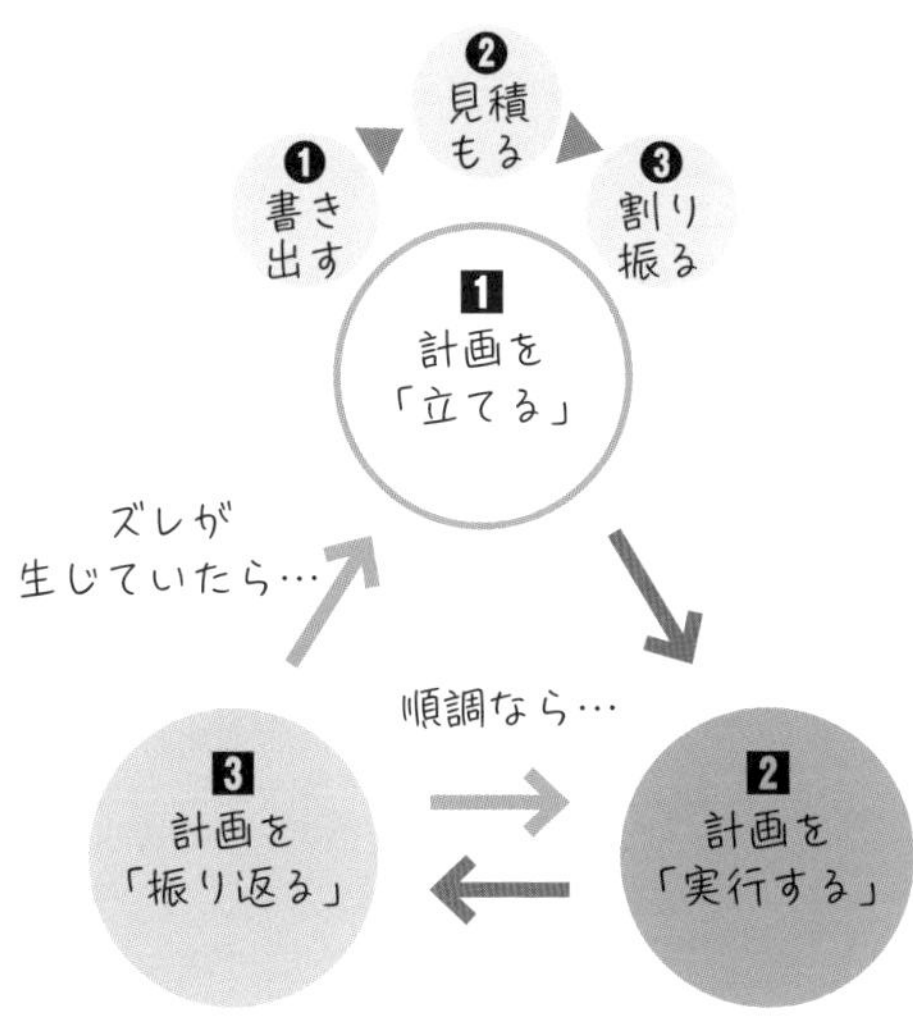

勉強計画を立てるときの基本アイテム

紙やノート

当然ですが、計画を書く紙やノートはマストアイテムです。メモ帳、スケジュール帳、勉強計画専用ノート、カレンダーなどいろいろな選択肢がありますが、

●しっかりと丁寧に計画を立てたい場合
→専用のノートを使う

●やることをざっくり書き出したい場合
→メモパッドや小さなノートを使う

●今月の予定を一覧で把握したい場合
→カレンダーを使う

というように、自分の好みや目的に合ったものを選ぶことが大切です。

ペン

ペンももちろん必須。好きなペンを使ってかまいませんが、

●**一日にやるべきことがたくさんある場合**

↓科目別に色分けするための色ペンを何色か用意する

●**計画と実際の結果を比較して書きたい場合**

↓計画を書く用の黒ペンと結果を書く用の色ペンを用意する

●**ToDoリストで計画を管理したい場合**

↓こなしたToDoを塗りつぶすためのマーカーを用意する

といった工夫をすると、より使いやすい計画表を作ることができます。

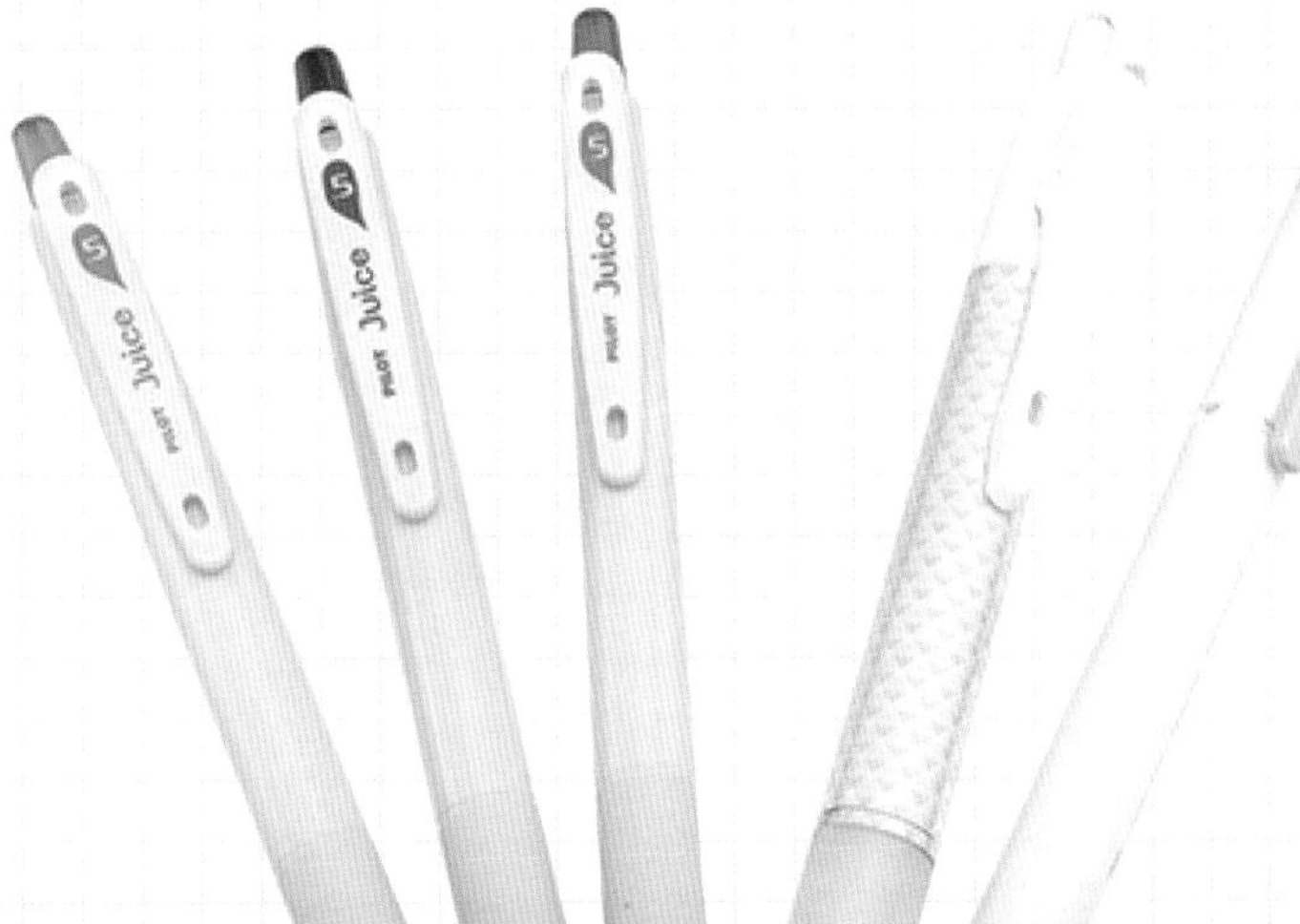

タイマー

タイマーもぜひ用意しておいてほしいアイテムです。チャプター4~6で解説しますが、長期的な計画を立てるときには「あらかじめタスクの時間を計る」ということが必要になります。また、実際に計画を実行するときには「勉強時間を計って記録する」ことも大切。最近では学習に特化した専用タイマーもたくさん出ているので、自分のお気に入りをぜひ見つけてみてください。

スタンプやシール

これはマストではありませんが、達成したタスクにスタンプを押したりシールを貼ったりするのもおすすめです。やったことが「見える化（可視化）」されるので、自分のがんばりを実感することができてモチベーションアップにつながります。

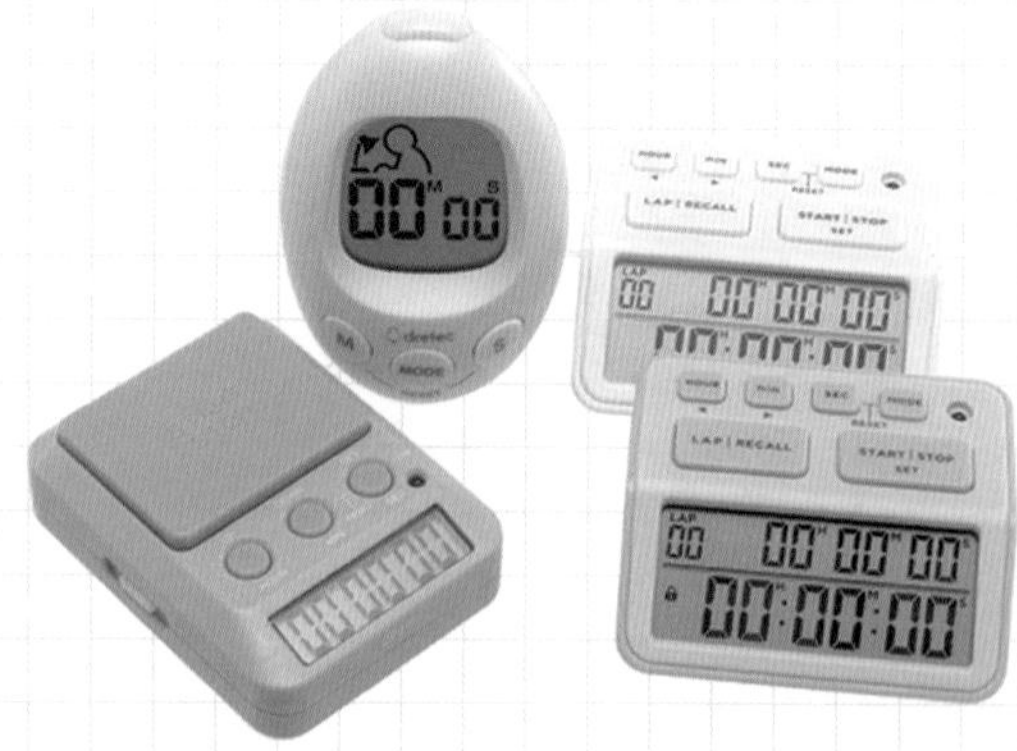

chapter
02

基本の勉強計画術

前のチャプターでは、勉強計画づくりの３つのアクション、「立てる」「実行する」「振り返る」をご紹介しました。

このチャプターでは、各アクションのポイントを詳しく解説します。計画を立てるタイミングや無理のない計画を立てるコツ、モチベーションの保ち方や計画がずれてしまったときの対処法などをお話ししますので、ぜひ参考にしてくださいね。

tips

01

計画を立てるときのポイント

勉強計画を立てるタイミングとかける時間

そもそも勉強計画はどのタイミングで、どれくらいの時間をかけて立てればいいのでしょうか？

①普段の勉強計画

普段の計画を立てるタイミングは、

❶前日の夜または当日の朝（家を出るまでの時間）
❷当日の放課後（家に帰るまでの時間）

のどちらかがおすすめです。自分のライフスタイルに合ったほうを選びましょう。

❶のタイミングは、朝の通学時間やホームルーム前のスキマ時間にやるべきことまで計画に盛り込めるのがメリットです。ただし、その日の授業で出された課題は追加で入れられるようにしておく必要があります。

❷のタイミングは、その日に出た課題を組み入れて計画を立てることができるのがメリット。ただし、帰ってすぐにその日のタスクに着手できるよう、家に着くまでの時間でプランニングすることが必要です。わたしのフォロワーさんからは、**「部活の片づけ中や帰宅中に、帰ったらやることを頭のなかでリストアップしている」**という声もよく聞かれます。

計画づくりにかける時間は、いずれのタイミングでも**10分程度**を目安としましょう。

②定期テストの勉強計画

テストの計画を立てるタイミングは、**テストの2～3週間ほど前**がおすすめです。基本的にはテスト範囲の発表と同時に計画づくりをすればOK。

かける時間は**1～2時間程度**を目安としましょう。

③長期休みの勉強計画

長期休みの計画を立てるタイミングは、**休みが始まる3～7日ほど前**がおすすめです。直前すぎても余裕がなくなってしまいますが、あまりに前もって立てようとするとやるべきことのリストアップが難しくなるので、**休み中の課題や宿題の内容が発表されたころに立てるといいでしょう**。

かける時間は**1～2時間程度**を目安としましょう。

④受験の勉強計画

チャプター6で詳しく解説しますが、受験の計画には**年間計画・月間計画・デイリー計画**

があります。

年間計画は、入試の1〜3年前に第1バージョンを作りましょう。大学受験なら、高1の間に志望校を決めて最初の計画を作れるのが理想的ですが、高2以降でも志望校が決まったタイミングでなるべく早めに作りましょう。かける時間は**1週間程度**。しっかり情報を集めてプランニングする必要があります。

第1バージョンができたら、その後は数カ月に1回程度の頻度で第2、第3……と計画のアップデートを行います。長期的なスパンで立てる年間計画は、ほうっておくと実際の進捗（しんちょく）と大きくずれていってしまうからです。アップデートにかける時間は、**1回につき2時間程度**が目安です。

第1バージョン
年間計画
第2バージョン
年間計画
第3バージョン
年間計画

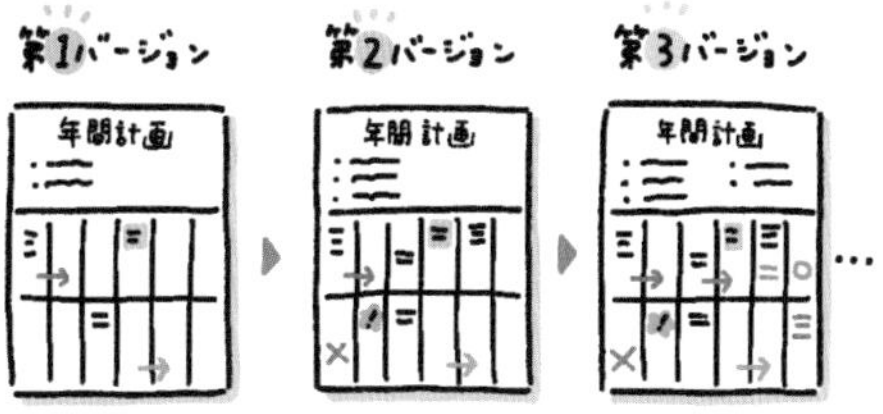

月間計画とデイリー計画は、毎月末に翌月分を立てるのがおすすめです。わたしは毎月27〜30日くらいになったら、その月に出てしまったズレ（計画とのギャップ）を確認し、それを考慮した翌月分の月間計画・デイリー計画を作るようにしていました。かける時間は**1〜2時間程度**が目安です。

無理のない効率的な計画を立てるコツ

勉強計画を立てるときに必ず守ってほしい、基本のコツを5つご紹介します。

①キツキツにしない

勉強計画でいちばん多いお悩みが「計画倒れをしてしまう」ということ。これを防ぐために最も大切なのは、**やることをキツキツに詰め込まないこと**です。

たとえばその日の勉強に使える時間が4時間あったら、4時間分の勉強を計画に入れるのではなく、2.5時間分くらいの勉強を入れておく。こうすることで、思いのほか時間がかかってしまったり途中で休憩したりしても、計画倒れを起こさずに済むようになります。

②時間ではなく「タスク」を基準にする

計画は、「いつまでになにを終わらせるか」を決めるものです。「1日5時間勉強する！」のような宣言は勉強計画とはいえません。これでは、とりあえず5時間机の前に座っていればOKということになってしまい、結果的に勉強が全然進まなくても目標を達成したことになってしまいます。

計画を立てるときは、「今日はこれを終わらせる」「今月中にこれとこれを終わらせる」というように、**時間ではなく「タスク」を基準にしましょう。**

③タスクを2種類に分ける

特に忙しい人に意識してもらいたいのが、通学中や移動中、入浴中などの**スキマ時間を見つけて活用すること**です。ちょっとした時間を勉強に充てられるようになると、一日にこなせる勉強量もかなりアップします。

スキマ時間を最大限活用するため、勉強計画を立てるときには**タスクを「❶机がないとできないもの」と「❷どこでもできるもの」の2つに分けましょう。**そして❶は家や図書館で勉強できる時間の計画に、❷はスキマ時間の計画に組み込みます。

④科目の配分を考える

「一日に全科目を少しずつやるか、一日あたりの科目数はしぼって勉強するか、どちらがいいでしょうか?」というご質問をときどきいただきます。

もちろん時期や状況によっても少し変わりますが、**基本的には英語・数学には毎日ふれるようにしましょう**。この2つはブランクが空いてしまうと勘が鈍りやすく、また、前の勉強内容を理解しないと次の内容が理解できない**「積み上げ科目」**であるからです。その他の科目は必ずしも毎日計画に入れなくてもかまいませんが、あまりに間が空いてしまうと久しぶりに取り組むときのハードルが高くなるので、**数日に1回程度の頻度で計画に入れるようにしましょう**。

⑤自分に合った細かさで立てる

勉強計画は、細かく立てたほうが日々のやるべきことが明確になって取り組みやすいという人もいれば、ざっくり立てたほうがのびのびとがんばれるという人もいます。「このときまでにこれを終わらせる」というところさえはっきりとさせておけば、あとは1日単位で計画を立てても1週間単位で計画を立ててもかまいません。**自分が快適にタスクをこなせる細か**

さでプランニングするようにしましょう。

タイミング別の勉強のコツ

勉強計画を立てるうえで知っておきたい、タイミングや時間帯別の勉強のポイントをご紹介します。

朝いちの勉強のコツ

朝、もしくはその日の最初の勉強タイムでは、まず**頭を勉強モードに切り替えること**が肝心です。そのためにおすすめなのが、**一日の最初にやる勉強は短時間で終わる単純作業系のものにする**ということ。機械的に解ける計算問題や単語の書き取りなど、自分がハードル低くこなせるものならなんでもかまわないので、**10〜20分程度で終わる軽めのタスク**を入れてください。わたしは大学受験生時代、自分が唯一ストレスなくできる漢字の勉強や、簡単にできる英語の例文書き取りなどを朝いちに行うのがルーティンでした。

移動中の勉強のコツ

電車やバスなど移動中の勉強では、**勉強道具をコンパクトにしておくこと**がポイントです。手のひらサイズの暗記ノートを作っておいたり、スマホで参考書の読みたいページの写真を撮っておいたりすれば、混雑した車内でも勉強することができます。

文字を読んでいると酔ってしまうという人には、英語のテキストの音声を聴くなど、**耳だけでできる勉強**がおすすめ。読み上げ音声付きの参考書は英語以外の科目でも出ているので、探して取り入れてみるといいでしょう。

食事後の眠気と戦うコツ

ごはんを食べたあとって眠くなってしまいがちですよね。そんな食事後のタイミングは、可能であれば**座らずに立って勉強するか、人の目のあるカフェや図書館などに移動して勉強する**のがおすすめです。ちなみにわたしの通っていた高校では、教室の後ろのほうに脚の長〜い特殊な机が置いてあり、眠くなってきた人はそこで立って授業を受けられるようになっていました。

そうしたことが難しい場合は、**目の覚めるツボ**を押してみるのも効果的です。鼻下にある「人中（じんちゅう）」や目頭の内側にある「睛明（せいめい）（晴明）」、手の親指の付け根にある「合谷（ごうこく）」などのツボを刺激すると眠気が覚めやすくなりますよ。

効果的に休憩をとるコツ

勉強中に休憩をとることは大切ですが、「一度休憩に入るとなかなか戻ってこられない……」というお悩みを抱えている人も多いのではないでしょうか。せっかく勉強計画を丁寧に作っても、休憩をとりすぎてしまっては計画が崩れてしまいますよね。

休憩をとるときは、次のようなポイントを意識してみてください。

休憩のとり方のコツ

あえてキリの悪いところで休憩に入る
休憩から勉強に戻りやすくなる

時間を決めてから休む
休む時間を決め、アラームをかけてから休憩する

短時間で終わる気分転換方法を選ぶ
長い動画やつづきが気になってしまう連続ドラマなどは避ける

寝る前の勉強のコツ

記憶は眠っているときに定着するといわれているので、**夜寝る前には暗記系の勉強タスクを入れる**のがおすすめです。また、**その日勉強したことをひととおり軽くおさらいする**のもいいでしょう。ノートをぱらぱらとめくるだけでもいいので、寝る前の時間は一日のちょっとした復習に充ててみてください。

chapter

02

tips

02

計画を実行するときのポイント

モチベーションを保つには？

勉強計画をきちんと実行するためには、計画を立てたときのモチベーションを長くキープする必要があります。次のことを意識すると、やる気を長持ちさせることができますよ。

常に計画を意識できる仕組みを作る

当たり前のことですが、計画を立てたこと自体に満足して、いざ勉強するときに計画を無視してしまっては意味がありません。

立てた計画は部屋の壁に貼ったり、普段持ち歩いている手帳に挟んだりして、常に確認できる状況にしておきましょう。「一日のはじめに計画表を開く」などとルーティン化しておくのもいいと思います。

ちなみにわたしは高校生・大学受験生時代、普段のタスクは手帳に書き込み、受験勉強のデイリー計画はカレンダーに書き込んで机の横の壁に貼っておくようにしていました。

がんばりを見える化する

自分の努力が目に見える形になると、達成感が生まれ、「明日もがんばろう！」という気持ちになれます。勉強するときには、**やったことを見える化する**ように意識してみてください。

見える化のやり方はなんでもかまいませんが、手軽なものだとＴｏＤｏリストを消していく方法があります。チェックボックスにチェックを入れるのでもいいし、終わったタスクをグレーのマーカーで塗りつぶすやり方もおすすめです。

少し手をかけるなら、**画用紙でお店のポイントカードのようなカードを自作して、勉強した時間や量に応じてスタンプやシールを貯めていく（「1時間勉強したらスタンプやシールを1個」など）方法**も楽しいですよ。

ごほうびを作る

がんばりに応じてごほうびを用意しておくのも、シンプルではありますがやる気につながる方法です。

見える化したがんばりに対して、「その日のタスクを3つ終えたらYouTubeで動画を1本観る」「スタンプやシールが10個貯まったらアイスを食べる」など自分のテンションが上がるごほうびを設定しましょう。

忙しいときや疲れているときの対処法

部活や行事で忙しいときや疲れているときって、家に帰るとつい寝たりごろごろしたりしてしまって勉強できず、計画が崩れていってしまいがちですよね。

こういうときのおすすめは、**「家に帰る前」にメインのタスク（その日に必ずやらなければいけないタスクや、重要度の高いタスク）をなんとしてでも終わらせること**です。わたしは高校の部活が忙しい時期は、練習後に学校近くのカフェに寄り、夜までテーブルにかじりついて課題を終えてから帰っていました。図書館や自習室を活用するのもいいでしょう。

また、すべてのタスクをこなせない場合は、**必要に応じて優先順位を見直すこと**も大切です。立てた勉強計画のなかには「必ずこのときまでにやらなければいけないこと」と「できればやっておきたいこと」があるはずなので、優先順位を考えて前者のタスクだけでもこなせるようにしてみましょう。

tips

03 計画を振り返るときのポイント

振り返りのチェックポイント

チャプター1でお話ししたように、計画は実行したあと、改善のために振り返りをすることが大切です。振り返りでは、次のようなポイントをチェックします。

①計画に対してどれくらい進捗（しんちょく）したか？

まずは計画と照らし合わせ、実際にどれくらい進められたのかを確認します。

このとき、「英語をがんばるつもりだったけど、あまりできなかった」のように漠然とした振り返りをしないように気をつけてください。そうではなく、「参考書を50ページ進める計画で、実際50ページできた」「問題集を30問進める計画だったけど、実際には10問しかできなかった」など、**振り返りは数字を使って行う**ようにしましょう。

②なぜその進捗結果になったのか？

①で進捗度合がわかったら、**次に「なぜその結果になったのか」を考えます**。

計画どおりできた場合はいいのですが、ズレが発生している場合は原因を見つけてしっかり対策することが必要です。

振り返りの頻度やタイミング

振り返りは自分に合った頻度やタイミングで行えばＯＫですが、迷ってしまう場合は次のような目安で実践してみてください。

①普段の勉強計画

普段の計画を振り返る頻度は、**1週間に1回程度**が目安です。「毎週日曜日は1週間の計画を振り返る日」などと決めておき、その週に積み残したタスクがあれば翌週のタスクに追加するようにしましょう。

②定期テストの勉強計画

定期テストの計画は、**4〜5日に1回程度**の頻度で振り返るようにしましょう。大幅に遅れている科目や単元がないか確認し、ある場合は次の4〜5日で挽回できるように計画を修正します。

③長期休みの勉強計画

長期休みの計画は、**春休み・冬休みなら4〜5日に1回程度、夏休みなら10日に1回程度**の頻度で振り返りましょう。遅れを見過ごしているとあっという間に最終日が来てしまうので、きちんと巻き返せるように修正を行います。

④受験の勉強計画

受験の計画は、**デイリー計画・月間計画は1カ月に1回程度、年間計画は2〜3カ月に1回程度**の頻度で振り返りをしましょう。ただし、はじめのうちは予想より大きなズレが発生してしまうことが多いので、慣れるまではデイリー計画・月間計画を2週間に1回程度、年間計画を1カ月に1回程度の頻度でこまめに確認するのがおすすめです。

tips

04

計画がずれてしまったときの対処法

計画が「ずれる」はOK、「くずれる」はNG

計画と実際の進捗とのズレがあると、「なんで自分は計画どおりできないんだろう……」と落ち込んでしまいますよね。ですが、あらかじめ知っておいてほしいのが、**「計画が『ずれる』ことは問題ない！」**ということです。

どんなことでも、100％計画どおりに進むものなんてほとんどありません。計画はあくまで計画。「こういう方向性で進めよう」という羅針盤のようなものであって、ぴったりそのとおりにやらないといけないわけではないのです。計画と実際の進捗が「ずれる」のはまったく問題ありません。ずれたら修正すればいいんですから。

困るのは計画が**「くずれる」**ことです。たとえば、せっかく計画を立てたのにまったくもって無視して進めてしまったとか、今月100問やるつもりだった問題集が3問しか進まなかったとか、あまりに大崩れしてしまうのは避けたいところです。

はじめは小さな「ずれ」だった遅れは、放置していると大きな「くずれ」になってしまいます。**そうならないために大切なのが、こまめに振り返りをして「ずれ」を「ずれ」のうちに修正すること。**

ここからはズレが生じてしまったときの対処法をご紹介するので、ぜひ実践してみてくださいね。

ずれてしまったときのメンタル術

計画どおり進めることができないと、どうしても自己肯定感が下がってしまいがち。そんなときは次の3つのポイントを意識してみてください。

①自分を責めない

計画とのズレが生じても、決して自分を責めないこと！　先ほどもお伝えしたように、100％計画どおりに進むことなんてこの世にはほとんどないのです。**計画どおりにがんばろうとしただけで素晴らしいことなので**、「なんで自分はこんなにダメなんだろう」などと思う必要はありません。

②「すべて終わりだ」と思わない

特に完璧主義の人に多いのが、少しズレが出ただけで「計画どおりできなかった！　もう全部どうでもいい！」となって投げ出してしまうことです。これは高校時代までのわたしです……（笑）

ですが、これはとてももったいないこと。**大崩れならともかく、ちょっとしたズレならいくらでも解消できます。**一度冷静になって状況を見直すと、「あれ、意外とそんなに崩れてないぞ。まだ巻き返せるかも！」と気づけるはずです。

③原因を分析する

ずれてしまったものは仕方ないので、いつまでも悩まず、気持ちを切り替えてその後の対策を考えるようにしましょう。計画がずれるのにはいくつかの原因がありますが、原因別にしっかり考えれば必ず改善策を見つけることができます。

原因別！ ズレの対処法

分析して見えてきた原因ごとに、ズレの対処法を考えましょう。ここでは、よくある３つの原因とその対処法をご紹介します。

①忙しくて時間がとれなかった

本当に時間がなくてタスクをこなせなかった……という場合は、**優先順位**をつけて計画を修正しましょう。

各タスクに「優先度Ａ（絶対やる）」「優先度Ｂ（できればやる）」のようにランクをつけ、**まずはAのタスクを割り振ります**。そして時間がとれそうな日やタイミングがあれば、そこにＢのタスクを付け足すようにしましょう。

②ついサボってしまった

時間はあったけど気持ちが甘えてサボってしまった……という場合は、計画そのものの改善よりも**モチベーションの上がるような工夫を考える**ほうが効果的です。

「計画を実行するときのポイント」（42ページ）でご紹介したコツも参考に、自分のやる気を上げる方法を探してみてください。

③想定より時間がかかってしまった

真剣にやったのに思っていたより時間がかかってズレが生じてしまった……という場合もありますよね。これは、「30分で終わるタスクだと思っていたのに1時間かかってしまった」のような**時間の見積もりミス**か、「選んだ参考書が難しすぎて時間がかかってしまった」のような**教材の選択ミス**か、もしくはその両方が背景にあると考えられます。

時間の見積もりミスの場合は、何度かそのタスクに取り組んでみて、1回にかかる時間の平均を割り出しましょう。それをもとに計画を修正すれば現実的なプランになるはずです。

教材の選択ミスの場合は、もう1段階易しい教材に変更できないか検討してみましょう。焦って難しい問題集を進めるより、一度基礎的な問題集を挟んだほうが結果的に近道になる、ということもよくあります。

ズレを解消する3つの方法

ズレを解消して計画の修正を行う方法には、主に次の3つがあります。

①後ろ倒しにする

まずは**週に1日程度の調整日（タスクゼロDAY）を設け、そこで1週間分の帳尻（ちょうじり）を合わせる**のが基本です。わたしは大学受験生時代、毎週日曜日はタスクを入れないようにし、月曜日から土曜日までに生じたズレを日曜日に回収するようにしていました。つまり最大1週間、タスクを後ろ倒しにするということです。

ただし、それでも解消できないときは、さらに後ろ倒しにする必要があります。受験のデイリー計画などは、毎月の終わりにズレを確認し、翌月の計画にくり越します。

②一部をカットする

ズレが小さい場合や、時間に余裕がある場合は①の後ろ倒しをすればOKですが、タスクをまるまるくり越してしまうと後ろが詰まってしまい、受験に間に合わなくなる……といったケースもありますよね。

この場合は、**元のタスクのうち優先度の低い部分をカットする**ようにしましょう。たとえば「元のタスクでは数学の問題集のレベル1から5まで全問解くことにしていたけれど、レベル1～3の問題だけにしぼって、レベル4～5のものはカットすることにする」といったイメージです。

③全部をカットする

一部のカットでは解消しきれないという場合は、最終手段ですがそのタスクをまるまるカットするしかありません。

ただし、「基礎レベルの参考書に取り組むタスクを全部カットして、本番レベルの参考書に取り組むタスクを入れる」というようなことは避けましょう。**どんな勉強でも、「基礎レベル→応用・発展レベル→本番レベル」という順序を必ず守るようにしてください。**

chapter 03

普段の勉強計画術

「テスト前はテスト勉強、受験前は受験勉強をすればいいけれど、それ以外のときはなにを勉強すればいいんだろう……」と悩んでしまいますよね。

このチャプターでは、普段やるべき勉強内容や効果的な勉強計画の立て方、おすすめの一日のタイムスケジュールをご紹介します。

tips

01

テスト前や入試前以外はなにを勉強すればいい？

学校からの課題は絶対にこなす！（重要度：★★★★★）

高校の課題って結構多いですよね……。わたしの母校も毎週課題がやたらとたくさん出され、特に部活や習い事で忙しいときには「なんでこんなにやらないといけないんだろう」と思っていました。ですが、いざ受験生になってみると、これまでの課題がいかに効率的・効果的に自分の基礎力を養ってくれていたかがわかったんです。

学校の課題は、**そのときのみなさんにとって最も必要な学習を考え、先生方が出してくれたもの**です。忙しくても、これは必ず提出日までに取り組みましょう。

日々の予習・復習も確実に（重要度：★★★★☆）

普段の授業の予習・復習もしっかりとやっておきましょう。こうした日々の積み重ねが、定期テストや受験に必ずつながってきます。**特に英語や古典は予習が、数学は復習が重要です。**忙しいときでも、「知らない単語だけでも事前に調べておく」「間違えてしまった問題だけでも解き直す」といったことを徹底しましょう。

自習は英単語と数学の問題演習が最優先（重要度：★★★☆☆）

課題や予習・復習以外の自主学習をする余裕がある場合は、**英単語と数学の演習**に優先的に取り組んでください。チャプター6でもお話ししますが、**英語・数学は早め早めに固めておくと大学受験で本当に有利になります。**英語は特に単語をなるべくたくさん覚えること、数学は基本的な問題をしっかり解けるようにしておくことが大切です。

さらに余裕があれば苦手科目の克服を（重要度：★★☆☆☆）

まだ余裕がある場合には、ぜひ**苦手な科目や単元**に時間を使ってみてください。早いうちに苦手をつぶしておけると、テストや模試でも受験でも、足を引っ張る存在に苦労しなくて済むようになります。

tips

02

普段の勉強計画の立て方

それでは、普段の勉強計画について、いよいよ具体的な立て方を紹介していきます。**時間がとれるしっかり派さん**と、**時間がとれないざっくり派さん**とに分けて説明しますね。

時間がとれるしっかり派さん向け

1 計画を「立てる」

①書き出す

しっかり派さんの普段の勉強には、**「デイリー版3ステップ式計画法」**がおすすめです。「立てる」の3つのステップ（書き出す・見積もる・割り振る）をシンプルに実践する1日単位の計画です。

まずはその日のタスクを書き出します。このとき、

● 絶対にその日にやるべきこと＝A
● できればやりたいこと＝B

のように、**優先度**もあわせて考えるようにしましょう。

②見積もる

次に、各タスクにかかりそうな時間を見積もります。正確であるほうがもちろんいいのですが、難しければ15分単位くらいのざっくりしたものでかまいません。

③割り振る

最後に、その日のタイムスケジュールを書き出し、タスクを簡単に割り振って完成です。見積もりよりも多少時間がかかってもいいよう、余裕をもったスケジュールにしておきましょう。

2 計画を「実行する」

計画を立てたら、それにしたがって勉強を進めます。優先度の高いタスクから取り組み、終わったものには☑マークなどの印をつけておきましょう。

勉強をするときにはタイマーなどを使い、**時間を計る**のがおすすめです。一日の終わりに科目別と合計の勉強時間を記録しておくと、科目の偏りや勉強不足を防ぐことができます。

3 計画を「振り返る」

普段の計画の振り返りは**週に1回程度**行い、1週間で積み残しているタスクがないか確認します。積み残しはその日に解消するか、翌週の計画に組み込むようにしましょう。

時間がとれないざっくり派さん向け

1 計画を「立てる」

ざっくり派さんはなるべく短時間でできるよう、細かな計画ではなくシンプルな「**ToDoリスト式計画法**」がおすすめです。

❶前日の夜または当日の朝（家を出るまでの時間）、もしくは❷当日の放課後（家に帰るまでの時間）のどちらかのタイミングに、その日のタスクをばーっと書き出します。時間のない人は「これは絶対今日やらなきゃ！」という優先度の高いものにしぼりましょう。

2 計画を「実行する」

ＴｏＤｏリストが書きあがったら、そのタスクをやりきることを目標に勉強を進めます。優先度の高いものから取り組み、終わったものには☑マークなどの印をつけておきましょう。

3 計画を「振り返る」

普段の計画の振り返りは**週に1回程度**行い、１週間で積み残しているタスクがないか確認します。積み残しはその日に解消するか、翌週の計画に組み込むようにしましょう。

IDEA

ＴｏＤｏリストの作り方

ＴｏＤｏリストの作り方はいろいろ。いくつか方法をご紹介します。

チェックボックス

最もシンプルなチェックボックスです。ペンで四角を書いてもいいし、グレーのマーカーでピッと塗ると簡単にボックス風になるので便利です。

箇条書き＋消し込み

タスクをペンで箇条書きし、終わったタスクに線を引いて消す方法です。グレーのマーカーで塗りつぶすようにするのも、終わっていないタスクが浮かび上がってわかりやすくなるのでおすすめです。

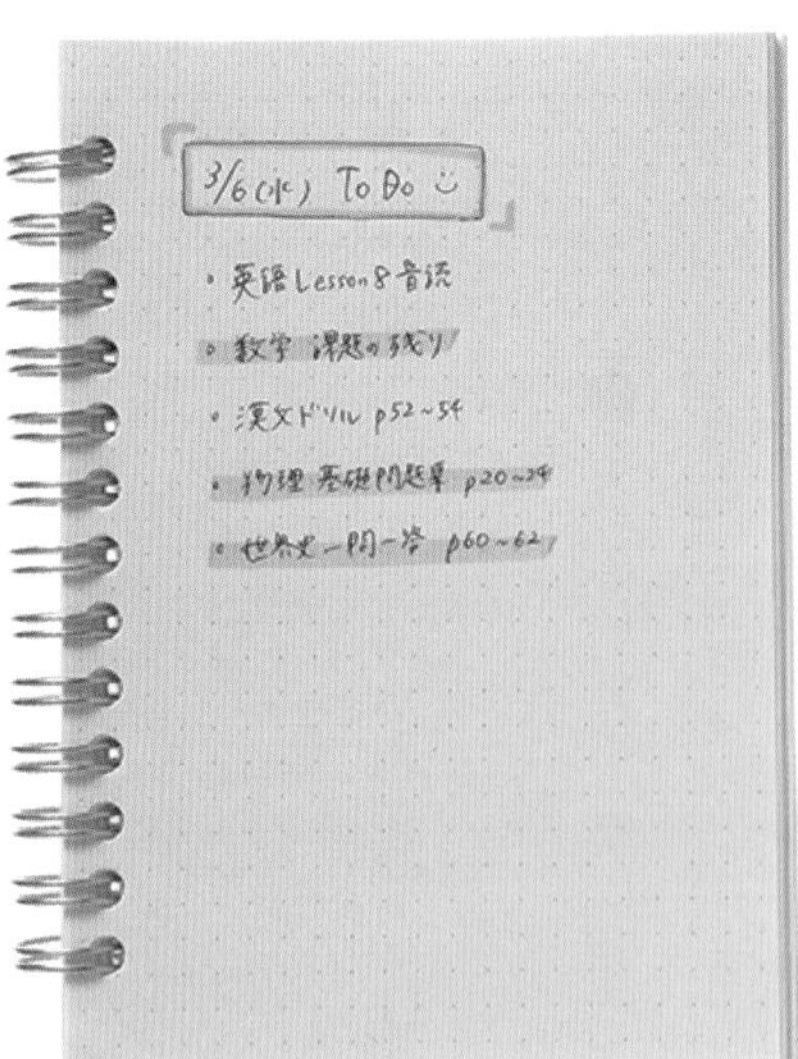

レ点

タスクを箇条書きし、その先頭にグレーのマーカーでレ点を書いておきます。タスクが終わったらレ点をカラーペンでなぞります。

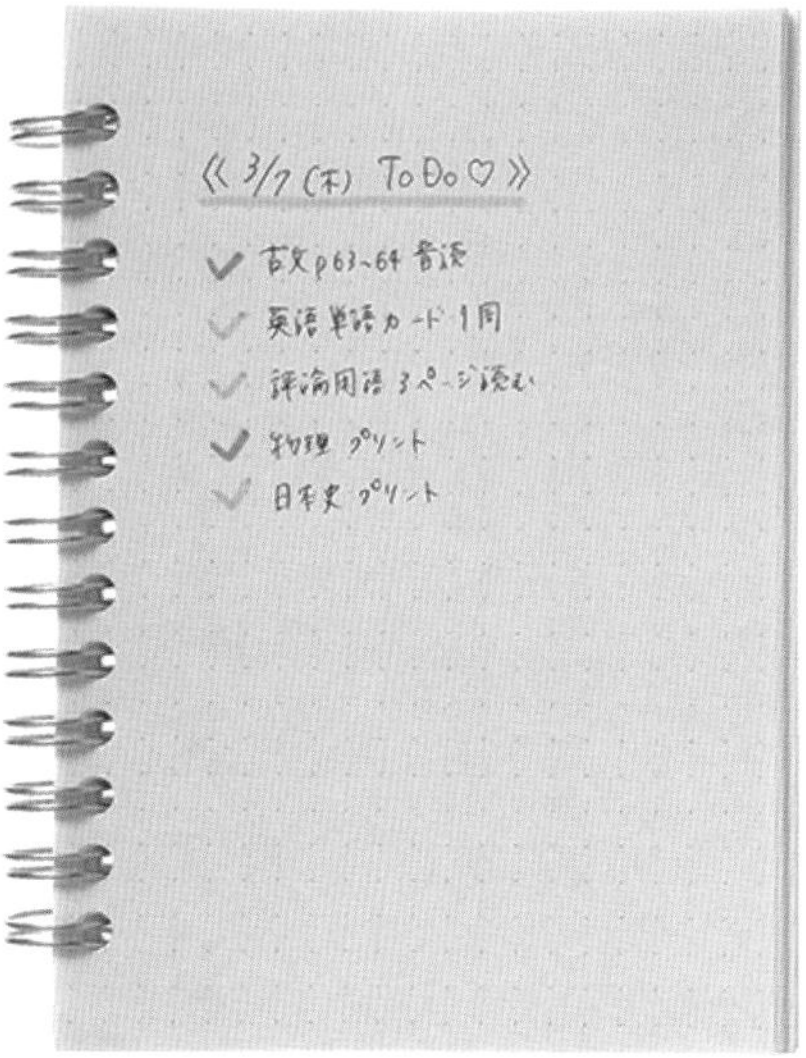

BINGOカード

マス目を書き、真ん中以外のマス目にタスクを書き込みます。終わったタスクには印をつけましょう。1列そろえることを目指してタスクに取り組むと、楽しく勉強することができます。

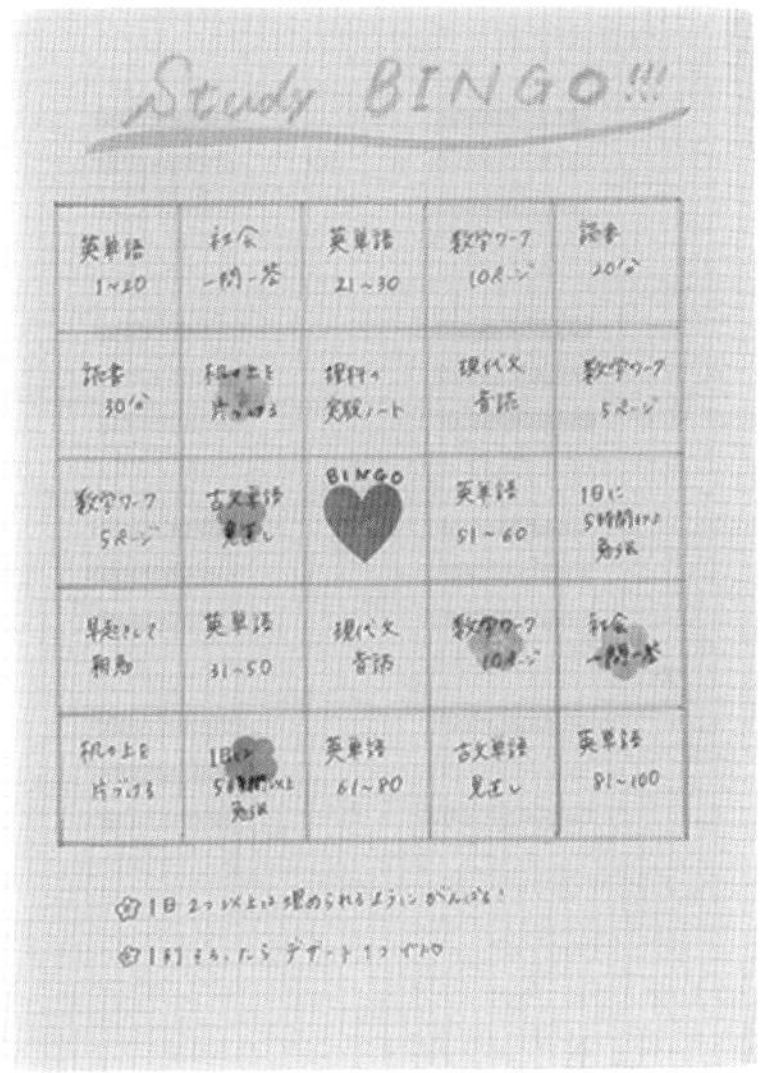

tips

03

一日のタイムスケジュール例

ときどき「一日の理想の勉強スケジュールを教えてください！」とリクエストをいただきます。基本的には自分の予定に合わせて組んでもらえればいいのですが、ここでは一例として「こんなふうにするとこれくらいの勉強時間を確保できますよ」というものをご紹介します。時間がとれるしっかり派さんと時間がとれないざっくり派さんとに分けて例を示すので、自身のスケジュールに合わせて参考にしてください（なお、浪人生は基本的にほとんどの時間を勉強に割り当てられるはずなので、しっかり派さんのみの紹介としています）。

一日の目標勉強時間としては、高1～2であれば平日3時間前後、土日5時間前後が目安。高3は平日5時間程度、土日8時間程度が理想です。ただし、この目標勉強時間はあくまで目安。本来的には、短い時間でたくさんの勉強ができるほど学習効率はいいはずです。「なるべく長時間勉強すること」ではなく、「なるべく短い時間で必要な勉強をこなすこと」を目標にしてください。

時間がとれるしっかり派さん向け

◆平日（合計勉強時間：約3.5時間）

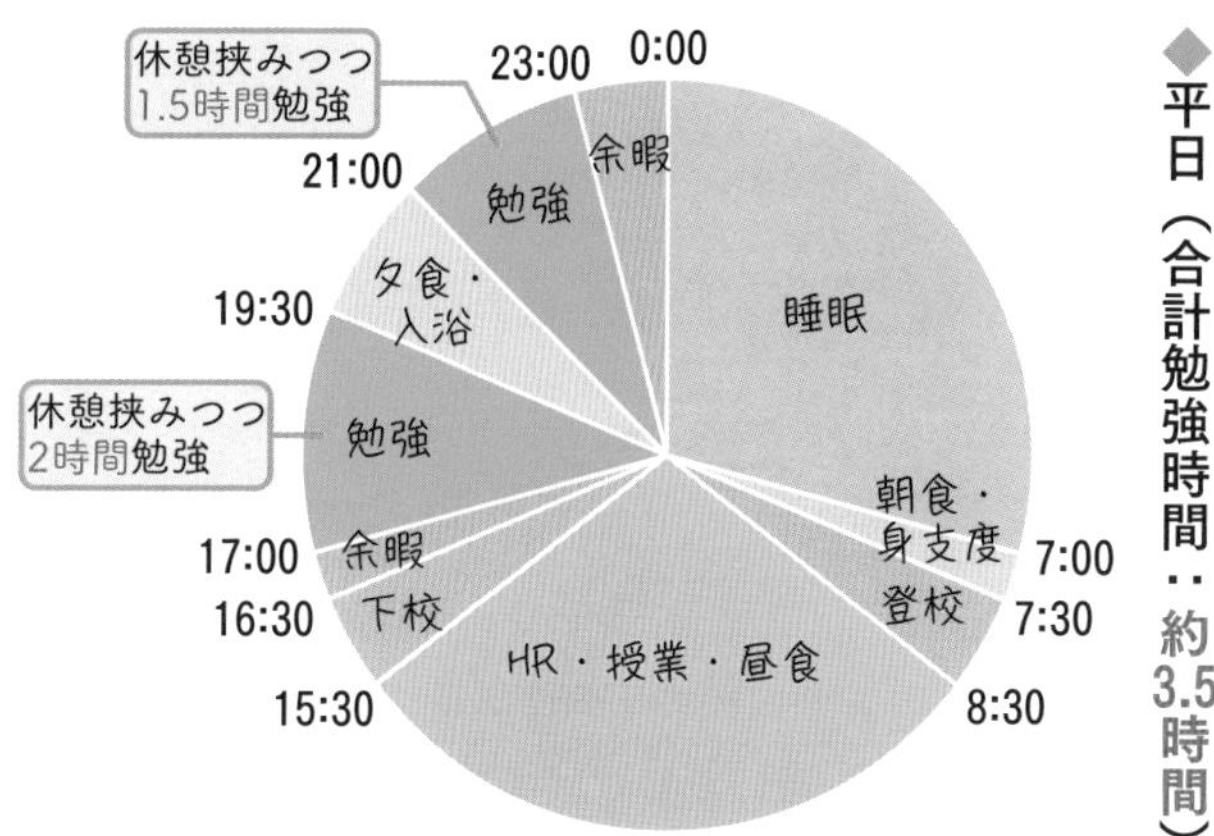

◆土日（合計勉強時間：約6時間）

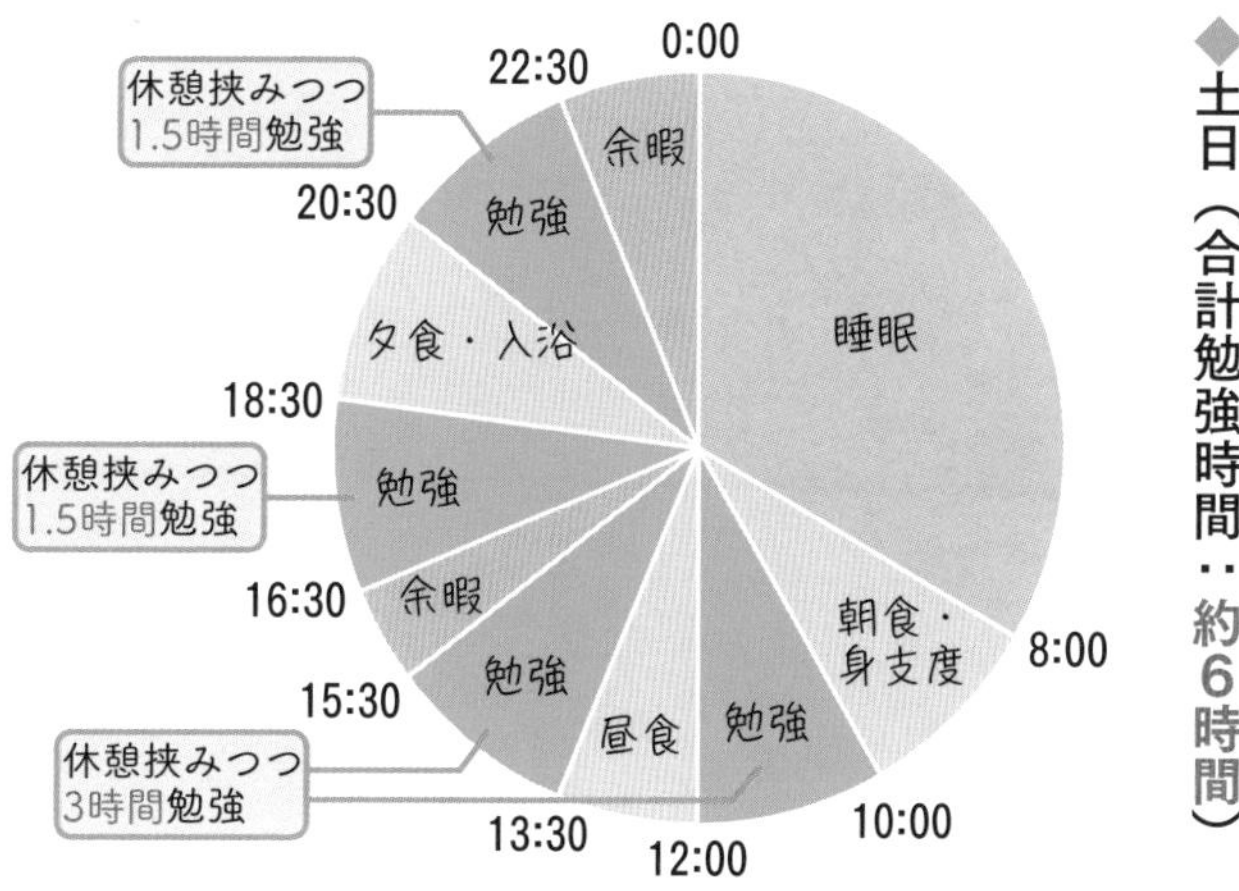

高3・浪人生のタイムスケジュール例

◆平日（合計勉強時間：約5時間）

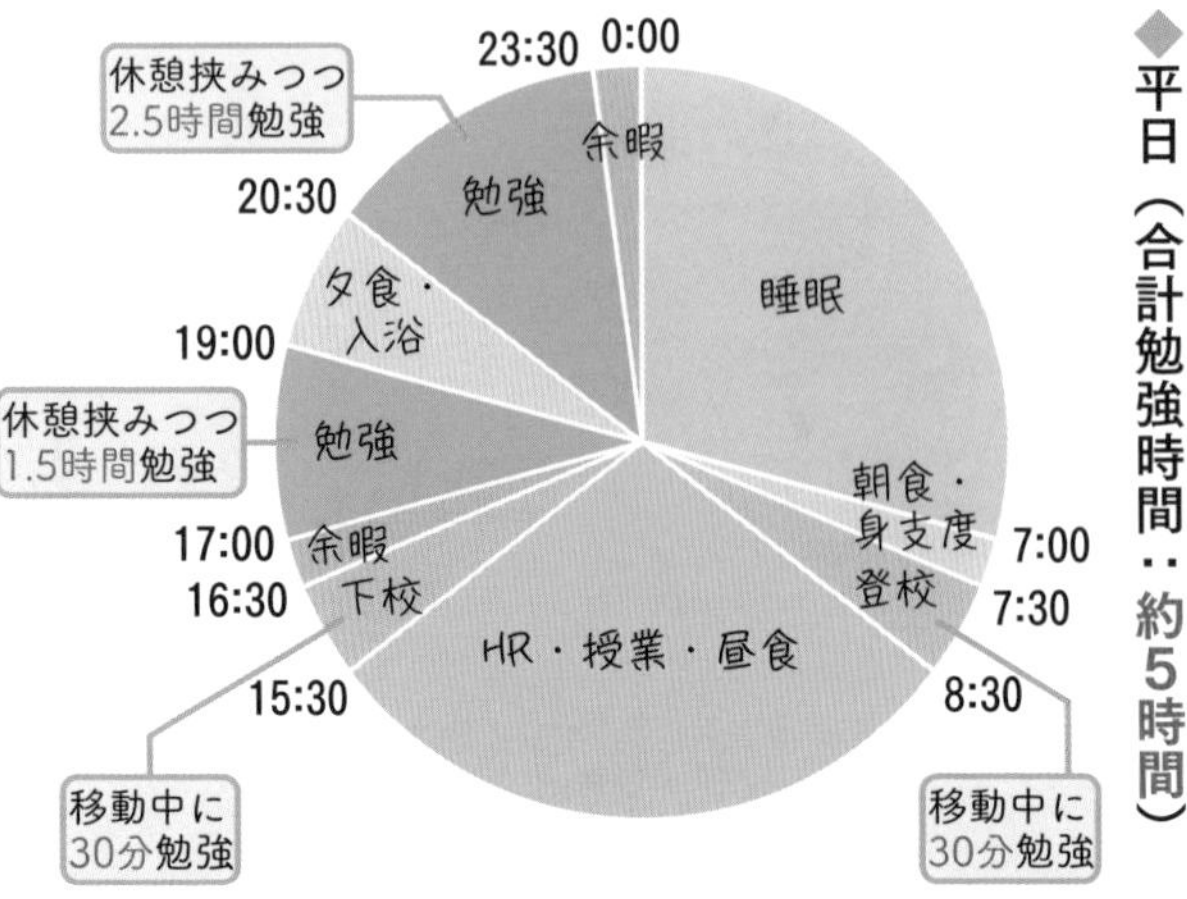

◆土日（合計勉強時間：約9時間）

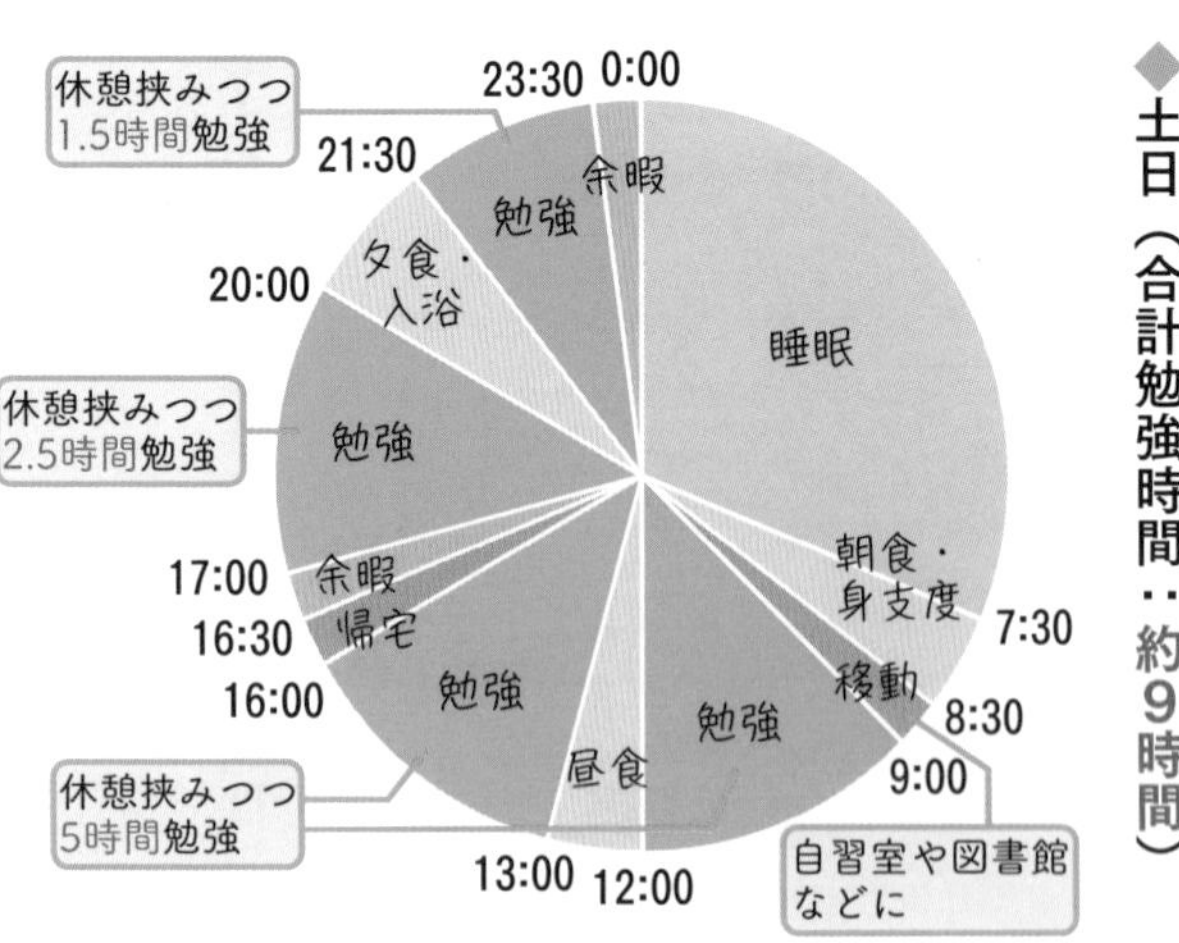

時間がとれないざっくり派さん向け

高1～2のタイムスケジュール例

◆平日（合計勉強時間：約2.5時間）

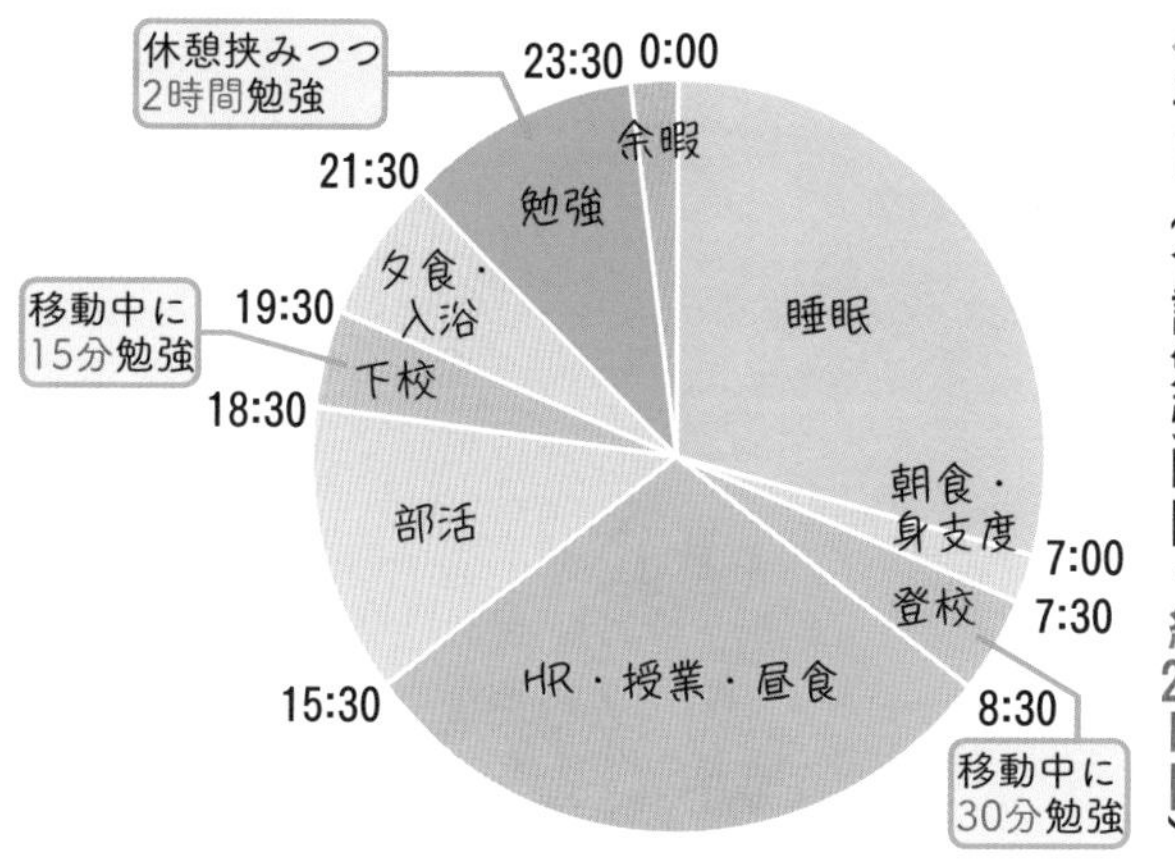

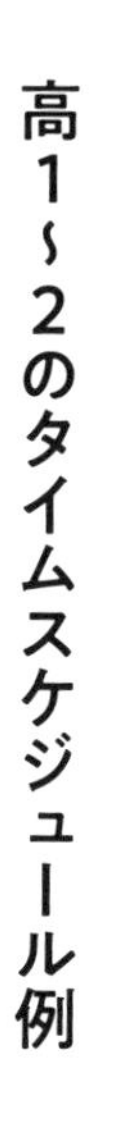

◆土日（合計勉強時間：約4.5時間）

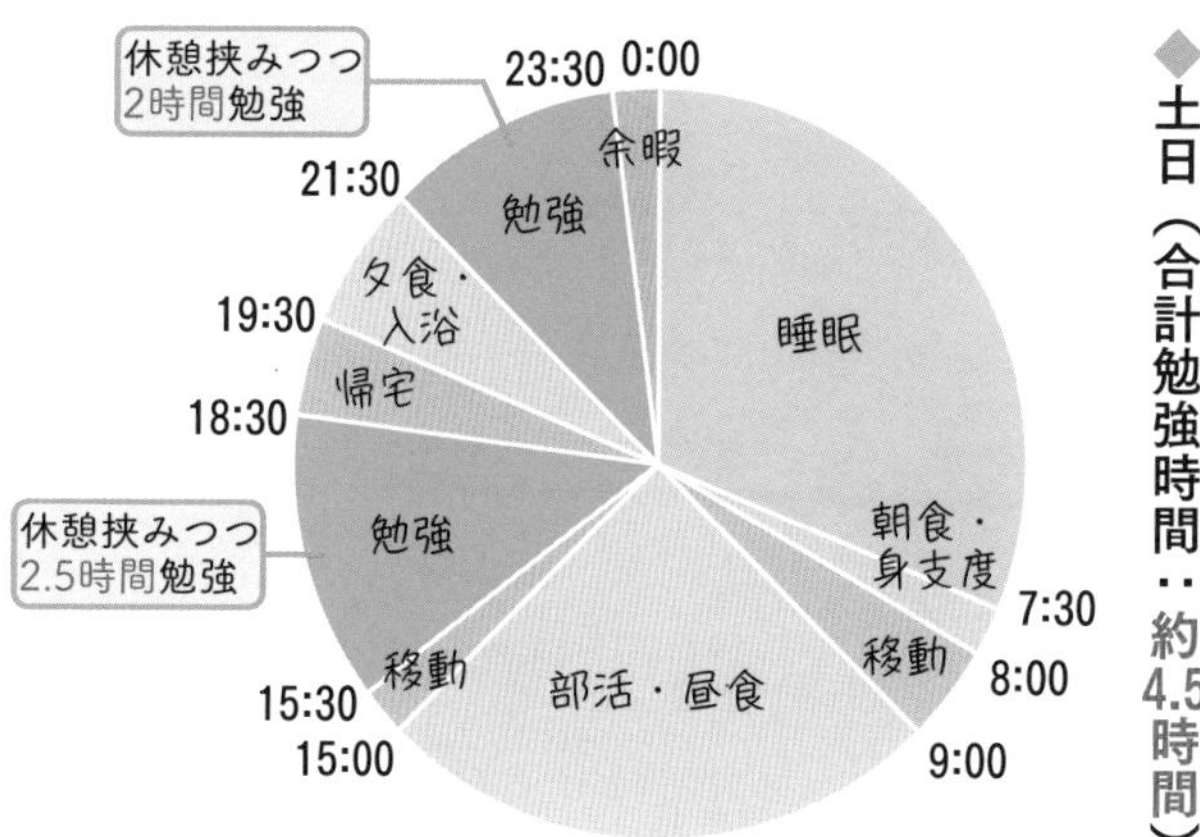

高3のタイムスケジュール例

◆平日（合計勉強時間：約3時間）

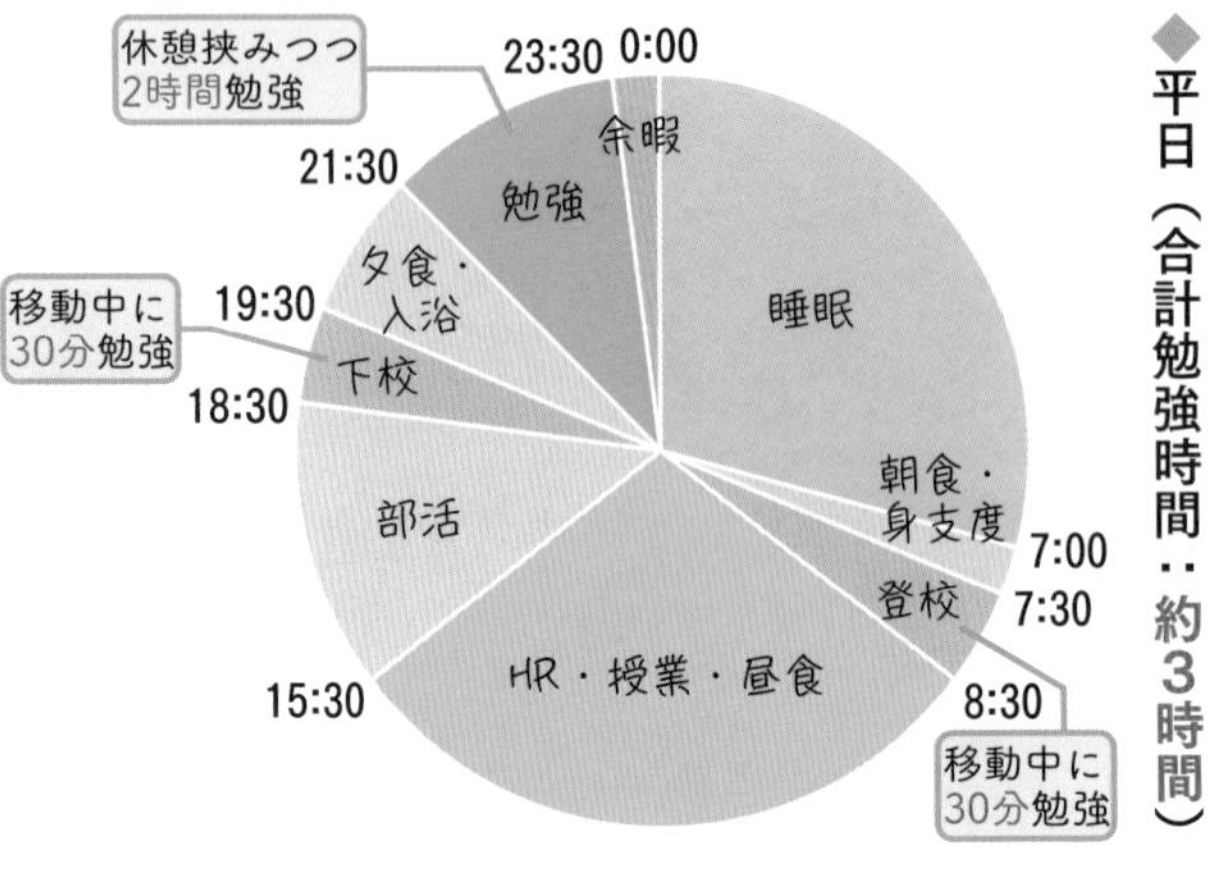

◆土日（合計勉強時間：約5時間）

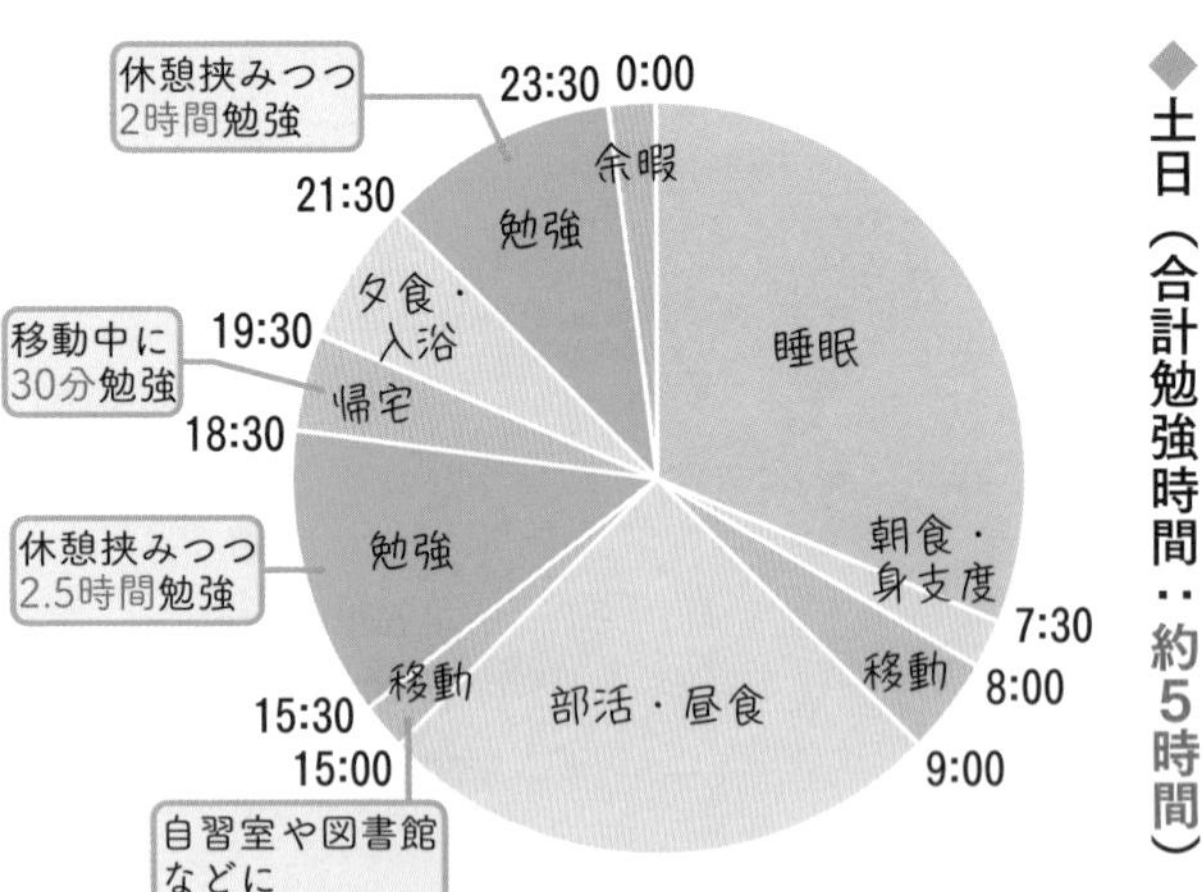

普段の勉強計画におすすめのアイテム

みおりんStudy Time スタディープランノート B5 1週間

しっかり派さんの計画づくりにおすすめのノート。毎日のタスクや優先度、タイムスケジュールまで管理でき、勉強時間を記録することもできます。

メモパッド

ＴｏＤｏリストを書くのには、たっぷり書けるシンプルなメモパッドがおすすめ。わたしは、書きやすくて気軽に使えるエトランジェ・ディ・コスタリカの分厚いメモパッドが気に入っています。

ＴｏＤｏリスト専用のふせん・メモ帳

あらかじめチェックボックスが印刷された、ＴｏＤｏリスト専用のふせんやメモ帳も便利です。さまざまなデザインの商品が販売されているので、お気に入りのものを探すのも楽しいと思います。

グレーのマーカー

一本あるとＴｏＤｏリストづくりが簡単になるグレーマーカー。ひとくちにグレーといってもいろいろな色味のものが各社から出ているので、見比べて選ぶのもおすすめです。

chapter 04

テストの勉強計画術

学校の成績にはもちろん、推薦入試を受ける人は受験にも影響する定期テストの成績。テストで結果を出すためにはどのように勉強を進めればいいのでしょうか。

このチャプターでは、学校のテスト前の勉強法と効果的な勉強計画の立て方を詳しく解説します。

tips

01

テスト前はなにを勉強すればいい？

1〜2カ月に1回程度の頻度でやってくる高校の定期テスト。

どんな人にとっても重要なものですが、特に大学の推薦入試を検討している人は、合否に影響する要素として普段のテストを大切にしなければなりません。わたしが高校時代に実践し、成績上位を保ちつづけることができたテスト勉強方法を簡単にご紹介します。

全教科共通のやるべきこと

どの教科でも、**学校から出された課題やテスト範囲になっている問題集などがある場合は必ずこなすようにしましょう**。

これらは問題がそのまま定期テストに出題される可能性が高く、しっかりと勉強した人と初見の人とでは大きな差が出てしまいます。確実に点数を稼げるよう、部活などで忙しい場合にもこれだけはしっかりとやっておきましょう。

ここからは、教科ごとにやるべき勉強内容をご紹介します。

英語のテスト勉強でやるべきこと

単語カードをくり返す
授業（主にテスト範囲の教科書）で出てきた英単語を単語カードに書き、すべて覚えるまで反復する

教科書の音読
自力で1回読む→読み上げ音声を2～3回聴く→読み上げ音声と一緒に5回ほど読む
→自力で10回ほど読む

日本語訳の確認
教科書の英文をすべて正しく訳せるようにする

授業ノートの読み返し
正しい訳や授業中に書いたメモをチェックする

文法の問題集を解く
該当範囲の問題を解き、間違えたところを復習する

数学のテスト勉強でやるべきこと

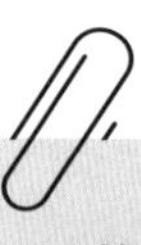

基礎的な問題を解く
テスト範囲の単元のなかで、苦手な部分はチャート式などを使って基礎問題から解く

応用問題を解く
基礎ができるようになったら問題集で応用レベルの問題を解く

わからないところは質問して解決する
理解できない・自分の解き方で合っているのかわからない場合は先生に質問して解決する

国語のテスト勉強でやるべきこと

現代国語

授業ノートを読み返す
授業中に書いたメモを読み返す
(「~はどういうことか」と問題形式にしてノートに書いておき、答えをオレンジペンなどで書いておくと赤シートで隠して勉強ができる)

教科書の黙読と音読
テスト範囲の文章について、黙読・音読をそれぞれ2~3回程度行う

漢字・用語を確認する
知らなかった漢字や用語は、書き方と意味を答えられるようにしておく

古典

古典文法・漢文句形の問題集を解く
テスト範囲になっている単元の問題を解く

教科書の音読と現代語訳の確認
テスト範囲になっている文章を、すらすら読めるようになるまで音読する。最終的には古文は注釈なしの原文、漢文は白文を読んで現代語訳を頭のなかに浮かべられるようにする

古文単語の確認
授業で習った古文単語の意味を答えられるようにしておく

古文の全文品詞分解
古文のテスト範囲になっている文章は、全文を品詞分解できるようにしておく

漢文句形の確認
授業で習った句形をマスターしておく

理科のテスト勉強でやるべきこと

教科書と授業ノート（プリント）で流れをおさらいする

教科書やノートのテスト範囲を読み返し、全体の内容を把握する

問題集を解く

自分で問題集を購入するなどして、なるべく多くの問題にあたる
間違えた問題はしっかりと復習する

わからないところだけまとめる

どうしてもわからないところや混乱してしまうところがあれば、その部分だけノートにまとめる
などして覚える

社会のテスト勉強でやるべきこと

教科書と授業ノート（プリント）で流れをおさらいする
教科書やノートのテスト範囲を読み返し、全体の内容や歴史の場合は流れを把握する

授業メモを読み返す
ノートやプリントに書いた授業メモを読み返し、内容を頭に入れる

一問一答を解く
用語を確実に答えられるよう、一問一答をくり返す

わからないところだけまとめる
どうしてもわからないところや混乱してしまうところがあれば、その部分だけノートにまとめるなどして覚える

chapter

04

tips

02 テスト範囲が発表されたらやるべきこと

多くの学校では、定期テストの2週間ほど前にその出題範囲が発表されるかと思います。範囲が発表されたら、はじめに次の3つのことをするようにしましょう。

①日程の確認

まずは**テスト全体の日程**を確認します。

何日目にどの科目があるのかをチェックし、「数学は初日にあるからなるべく早くから勉強に取り掛かろう」「保健は最終日だから、前々日までに暗記ノートを作って前日からそれを解こう」などとイメージするようにしましょう。

②テスト範囲のはじめと終わりにふせんを貼る

教科書や授業ノート、授業プリントの該当範囲を確認し、**範囲の開始ページと終了ページにふせんを貼ります。**

これをしておくと、テスト勉強のときにいちいち範囲表を確認しなくてもよくなりますし、「ふせんとふせんの間に挟まれたページの厚み＝試験日までに勉強しなければいけない量」となり、**やるべき勉強量を直感的に把握する**ことができます。

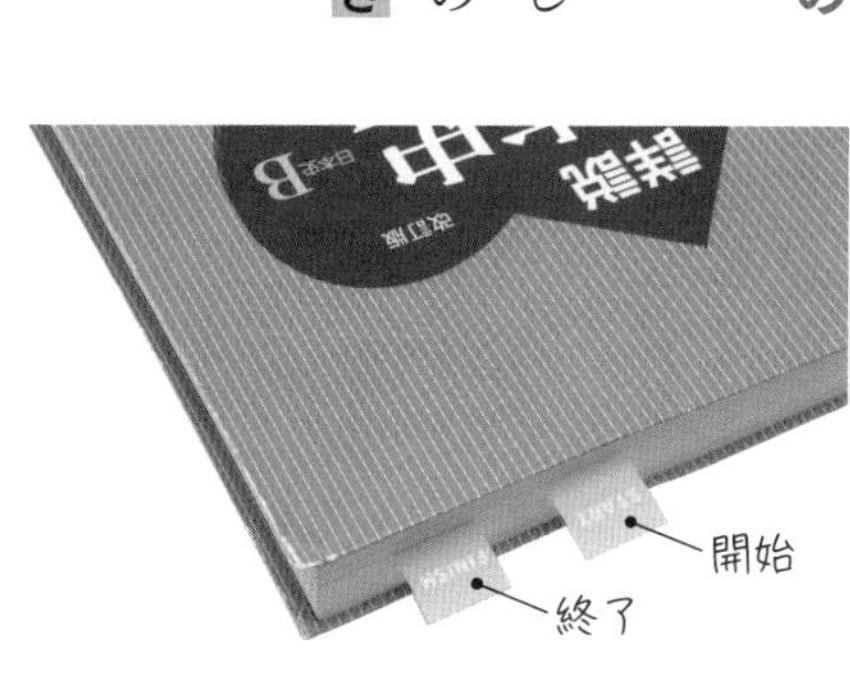

③テスト勉強作戦会議

ここまでできたら、今回のテストについて**自分だけの作戦会議**を行います。手帳か専用のノートを用意して、今回の目標や方針を整理しましょう。

まずは**目標**を立てます。

「いつもよりいい順位をとる」「数学をがんばる」のような抽象的なものではなく、「英語で90点以上をとる」のように**数字を入れた具体的な目標を設定しましょう**。具体的な目標にすることで、テスト後の振り返り（達成できたかどうかの判断）がしやすくなります。

数字の入った目標には「点数」「順位」「偏差値」などがありますが、**確実に決めてほしいのは「点数」の目標**。順位や偏差値は周りの人のがんばり度合の影響を受けてしまいますが、点数は自分のがんばり次第で上げることができるからです。

まずは科目別の目標点と合計の目標点を決め、余力があれば順位や偏差値も目標を考えてみましょう。

次に**方針**を考えます。

前回のテストの反省も踏まえ、「英単語のスペルミスが多いので、スペルにも気を配りながら英語の勉強をする」「テスト3日目くらいに力が抜けてしまうクセがあるので、1日目、2日目の試験終了後に自習室に寄って気合いを入れ直す」などと具体的な作戦を立てましょう。

作戦会議ノートの例

2024/5/22 ～ 24

1学期 中間テスト

❶科目別と合計の
目標点を書き込む

	英語	コミュ英	数学	現国	古典	生物	現社	合計
目標点	80	85	70	75	80	75	85	550
結果								
差								

方針

- 得意な英語と社会では絶対に80点を切らないようにする
- 数学は苦手だけど課題を3周して70点を目指す
- 部活がない日は1日4時間を目標に勉強する！

❷具体的に意識する
ことを書き込む

振り返り

❸ここはまだ
空けておく

tips

03

テストの勉強計画の立て方

テストの勉強計画について、時間がとれるしっかり派さんと、時間がとれないざっくり派さんとに分けてご説明します。

時間がとれるしっかり派さん向け

1 計画を「立てる」

ある程度時間がとれる人、しっかり計画を立てたい人には、チャプター1でご紹介したステップに基づいた**「短期版3ステップ式計画法」**がおすすめです。次のように計画を立ててみてください。

❶書き出す

テスト当日までにやるべきタスクをすべてリストアップします。

このとき、「英語の音読」のようなおおまかなものではなく、「英語のレッスン1の音読を10回」など、**単元や回数**までしっかりと挙げておきましょう。

❷見積もる

ステップ❶で書き出した各タスクについて、かかる時間を予想します。

これが正確にできるかどうかで計画の崩れにくさが決まるので、できれば**実際に何度かやってみて平均の時間を計る**のが理想的です。ただし、テスト勉強期間はそれほど長くはないので、難しければだいたいの予想でもＯＫ。その場合は、実際にタスクをこなすたびにかかった時間を記録しておき、今後の予想に活かせるようにしておきましょう。

❸割り振る

テスト当日までの約2週間のうち、どの日になにをやるのかを考えます。

部活や習い事がある人は、スケジュールとの兼ね合いを確認することも重要。「この日は何時間勉強できる」と**それぞれの日についてだいたいの勉強可能時間を出しておき、その時間**

内でできるタスクを割り振ります。

このとき、なるべく**勉強可能時間より少し短めの合計時間でできるタスクを入れる**のがコツです。たとえば4時間勉強できる日なら、合計4時間かかるタスクではなく、2.5～3時間程度までで終わるものを組み合わせるイメージ。休憩をとったり予想外に長引いたりした場合のことを考え、余裕のあるスケジュールを組んでおきましょう。

2 計画を「実行する」

立てた計画にしたがって、毎日の勉強をこなします。勉強中はタイマーで時間を計り、科目別・タスク別に記録しておけるとベターです。終わったタスクには印をつけ、終わらなかったものは矢印などを書いて翌日以降に移動させます。

計画の書き方の例

❶その日のスケジュールと勉強できる時間を洗い出す

日付	2/20（月）	2/21（火）	2/22（水）	2/23（木）	2/24（金）	2/25（土）	2/26（日）
スケジュール	16:00〜19:00 部活	19:00〜22:00 塾		16:00〜19:00 部活	19:00〜22:00 塾		9:00〜12:00 おばあちゃんの家に行く
勉強可能時間	3h	0.5h	5h	3h	0.5h	8h	6h

科目	やること	2/20	2/21	2/22	2/23	2/24	2/25	2/26
英語	Lesson10 音読×5	①		②			③	④
	Lesson10 単語×5		①		②	③		
	英文法ワーク p71〜90	p71〜75		~~p76〜80~~	p76〜80		p81〜85	p86〜90
数学	課題プリント 1〜5			1	2		3	4
	問題集 p80〜100			p81〜85			p86〜90	
古文	古文単語 p121〜150	p121〜125			p126〜130			
	古文ドリル p81〜100		p81〜82	p83〜85		p86〜87		
漢文	漢文ドリル p81〜100						p81〜82	
	漢文音読×5	①		~~②~~	②③			
世界史	教科書読む p101〜150			p101〜105			p106〜110	
	一問一答 41〜50							41 42
生物	問題集 p61〜80	p61〜65	p63〜65				p66〜70	
	プリント 6〜10				6			7
勉強できた時間		3h	0.5h	4.5h				

❷やることを書き出す

❸やることを割り振る → できたものに○をつける
できなかったものは矢印をつけて移動

3 計画を「振り返る」

テスト勉強期間中に大幅なズレが生じないよう、**4～5日に1回程度の頻度**で進捗（しんちょく）を確認するようにしましょう。計画よりも大きく遅れている科目や単元がないかチェックし、ある場合は次の4～5日で挽回できるように計画を修正します。

テスト3日前くらいになってもまだ大幅に遅れている場合は、**優先順位**を検討して「確実にやるタスク」と「できればやる（時間が足りなければあきらめる）タスク」とに分類し、前者を優先して進めるようにしましょう。

時間がとれないざっくり派さん向け

1 計画を「立てる」

部活や習い事で時間がとれない人、ざっくりとした計画を立てたい人には、普段の勉強計画と同様、シンプルな**「ToDoリスト式計画法」**を実践するのがおすすめです。

このとき、「英語の音読」のようなおおまかなものではなく、「英語のレッスン1の音読を10回」など、**単元**や**回数**までしっかりと挙げておきましょう。

2 計画を「実行する」

ToDoリストに書き出したタスクを、テスト当日までに終えられるようこなしていきます。**タスクの合計数を数えておいて、テストまでの日数で割って1日あたりにこなすべき平均タスク数をざっくりと計算する**といいでしょう。

タスクが終わったらToDoリストを消していきます。ペンで印をつけるだけでもいいのですが、スタンプやシールを使うとちょっと楽しい気持ちになれます。勉強中はタイマーで時間を計り、科目別・タスク別に記録しておけるとベターです。

3 計画を「振り返る」

テスト勉強期間中に大幅なズレが生じないよう、**4～5日に1回程度の頻度**で進捗(しんちょく)を確認するようにしましょう。消すことのできたタスクが少ない（実際にこなせたタスク数の合計が、1日にやるべき平均タスク数×経過した日数より少ない）場合は、**次の4～5日で挽回できるように平均タスク数を計算し直します**。

テスト3日前くらいになってもまだ大幅に遅れている場合は、**優先順位**を検討して「確実にやるタスク」と「できればやる(時間が足りなければあきらめる）タスク」とに分類し、前者を優先して進めるようにしましょう。

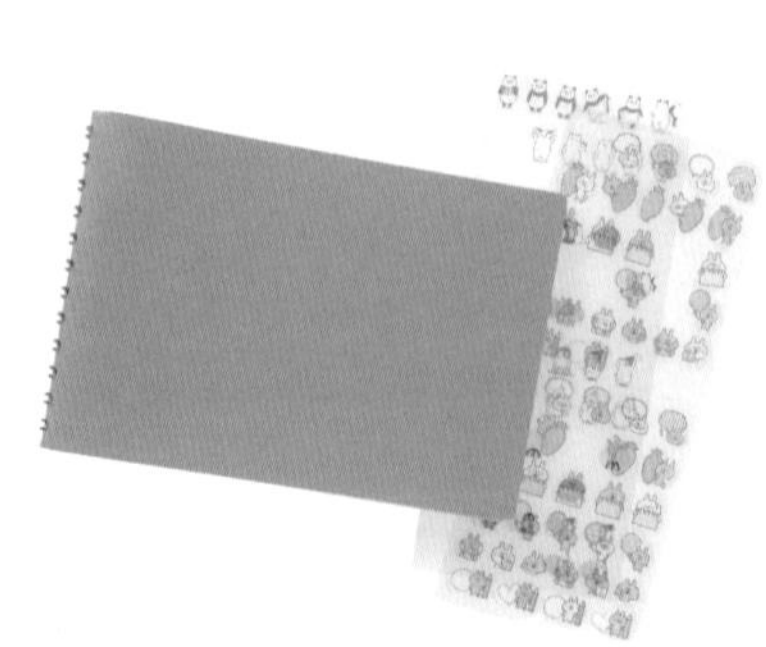

わたしはこのように、やるべきことを小さいノートにすべて書き出し、シール帳のようにしていました。

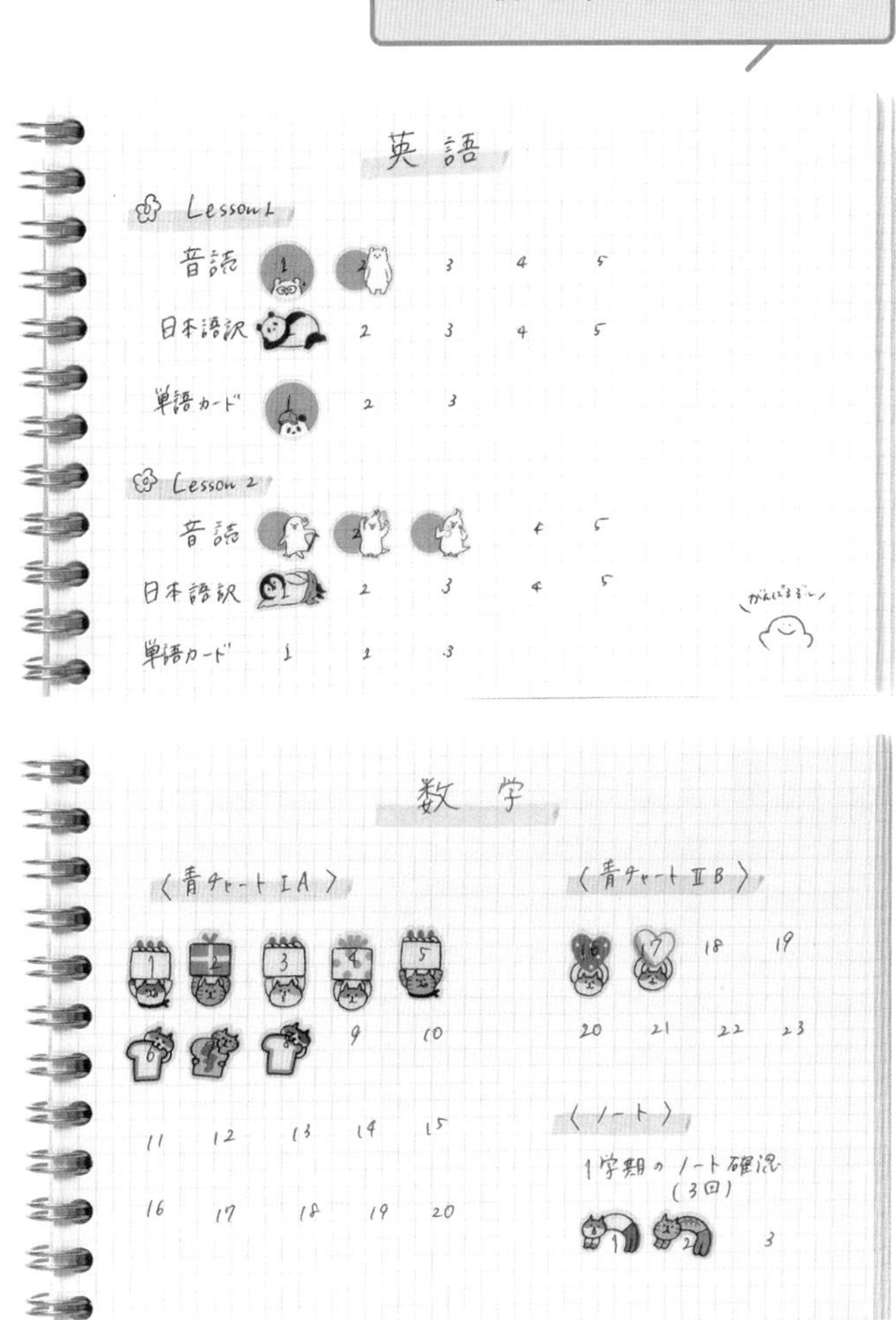

tips

04

テストが返却されたらやるべきこと

テストの勉強計画は、テストが終わるたびに振り返ってブラッシュアップしていくことが大切。テストの結果が返ってきたらやるべき3つのことをご紹介します。

①間違い直し

まずは間違えたところを確認し、解き直します。

「次に同じ問題が出題されたら完答できる状態」を目指して、**必要に応じて暗記ノートやテスト直しノートに転記しましょう**。数学や理科であれば、**類題**を探してきて解くのも効果的です。「失点しなかったけれど怪しかった（迷った）問題」もしっかりチェックしましょう。正しい答えを再度確認し、まぐれで当たってしまっていた場合は丁寧に復習をします。

②結果の記録

次に、今回のテストの結果を記録します。

テスト前に立てた目標と照らし合わせ、実際どうだったかを確認しましょう。記録は科目別と全科目の合計の両方について行います。

③振り返り

最後に、今回のテスト勉強を振り返ってよかったこと・足りなかったことを考えましょう。

「数学がいい感じだったのでよかった」「世界史で目標点に届かなかった」のようなざっくりした感想ではなく、

- 「日本史で用語が全然答えられなかったので、次回は一問一答を最低３周はやる」
- 「漢字の勉強に時間をかけすぎて国語全体の勉強が足りなくなってしまったので、次回は古文・漢文のワークを重点的に勉強する」
- 「テスト勉強を10日前に始めたところやるべきことが終わらなかったので、次回は遅くとも２週間前には始める」

など、**今回の反省点とそれに対する次回の対策を挙げる**ようにしてください。

振り返りは頭のなかで考えているだけだと次回のテストまでに忘れてしまう可能性もあるので、作戦会議ノートや手帳に**言葉で書き残す**ようにしましょう。

作戦会議ノートの例

2024/5/22 ～ 24

1学期 中間テスト

❶実際の得点と目標点との差分を書き込む

	英語	コミュ英	数学	現国	古典	生物	現社	合計
目標点	80	85	70	75	80	75	85	550
結果	90	85	72	68	72	78	90	555
差	+10	±0	+2	−7	−8	+3	+5	+5

方針

- 得意な英語と社会では絶対に80点を切らないようにする
- 数学は苦手だけど課題を3周して70点を目指す
- 部活がない日は1日4時間を目標に勉強する！

振り返り

◎全体的に目標点超えが多かった。合計点も+5点！
◎英語と現社で初めての90点台を達成！
△国語の対策が足りなかった。次回は音読を重点的にがんばりたい

❷よかったことや足りなかったことを具体的に書き込む

テストの勉強計画におすすめのアイテム

みおりんStudy Time スタディープランノート B5 2週間

しっかり派さんの計画づくりにおすすめのノート。テスト勉強全体のタスクを科目別に洗い出し、その日の予定との兼ね合いで計画を組むことができます。勉強時間の記録欄もあるので、毎日の勉強をこまめに振り返ることができます。

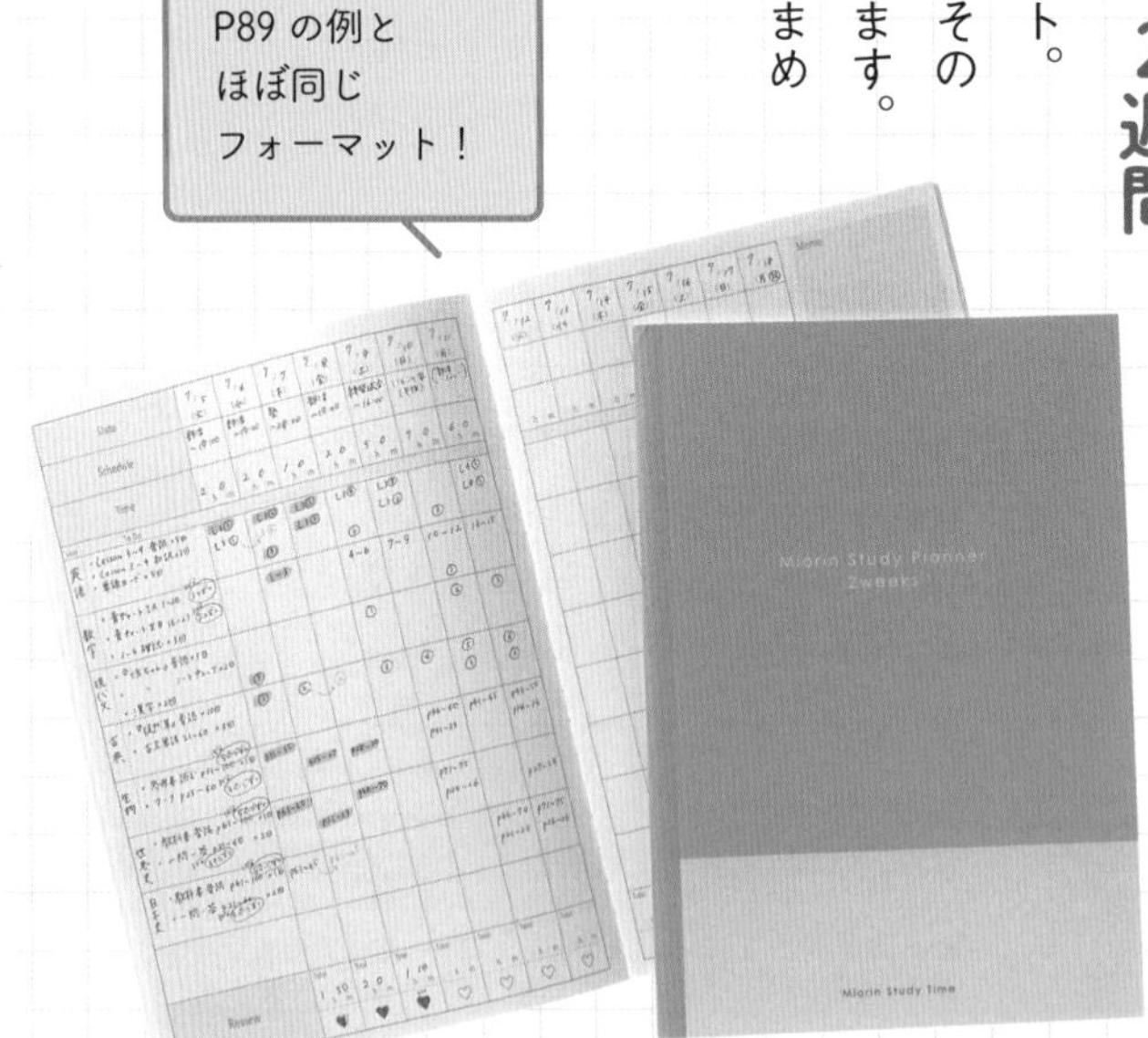

小さいノート

ざっくり派さんの計画づくりには、持ち歩きやすい小さめのノートがおすすめ。わたしはA6（A4を半分に2回折ったサイズ）くらいの大きさのリングノートを使っていました。

シールやスタンプ

終わったタスクに印をつけるときに使うシールやスタンプ。もちろん普通のペンで印をつけるだけでもいいのですが、こうしたアイテムを使うと遊び心が生まれ、勉強が少し楽しくなります。

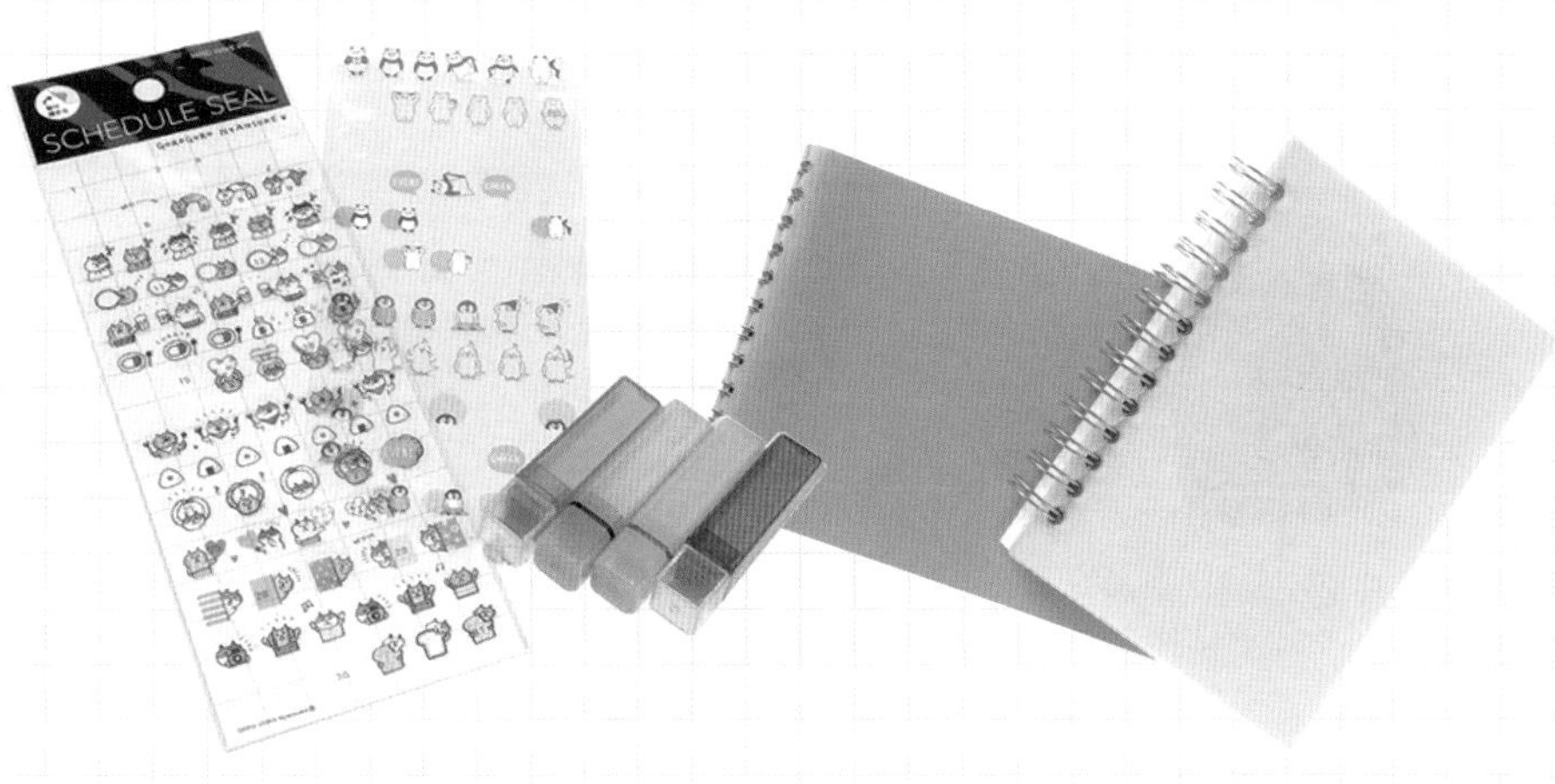

学習タイマー

テスト勉強のときには学習用のタイマーもぜひ準備しておきたいところ。かかる時間を見積もるときや勉強時間を計って記録するときに使います。

●**ラーニングタイマー（ドリテック）**
シンプルなデザインで使いやすい高機能なタイマー。日にちのカウントダウン機能もあるので、テストまでのカウントダウンにも使えます。

●**スタディエッグ（ドリテック）**
勉強時間と休憩時間を交互に計ることができるタイマー。見た目もかわいらしく、机の上が華やぎます。

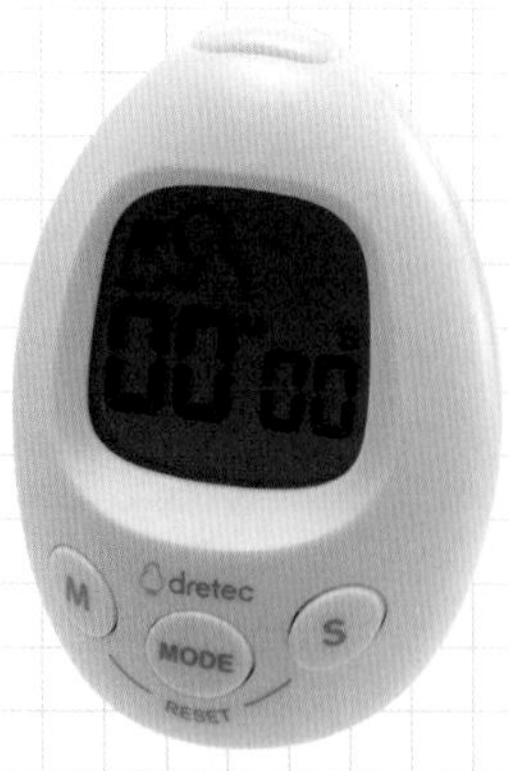

chapter 05

長期休みの勉強計画術

学校の授業がストップする夏休みや冬休みといった長期休みは、苦手の克服や受験勉強を進めるのに絶好のチャンス。せっかくの時間を無駄にしないために、事前にしっかりと計画を立てて勉強することが大切です。

このチャプターでは、長期休みにやるべき勉強内容と効果的な勉強計画の立て方をご紹介します。

tips

01 長期休みはなにを勉強すればいい？

春休み、夏休み、冬休みと年に3回ある長期休み。
まとまった時間がとれるだけに、なにを勉強していいかわからなくなってしまう人もいるかもしれません。迷ったら次のようなことに取り組みましょう。

課題・宿題を確実にやりきる（重要度：★★★★★）

当たり前のことではありますが、**学校から出された課題や宿題は必ずやる**ようにしましょう。休み明けのテストの出題範囲になっている場合は、テスト勉強も兼ねてしっかり取り組み、わからないところを残さないようにしておくことが必要です。

チャプター3でもお話ししましたが、学校の課題というのは先生方がみなさんのために考えて出してくれた、その時々の学習に最適な教材。それをこなすだけでも、必要最低限の力をつけることができるはずです。

苦手の底上げをする（重要度：★★★★☆）

長期休みは授業の進行がストップする貴重なタイミング。この隙を狙って、**苦手と感じる単元や分野の復習**をしておきましょう。

特に英語・数学は一度置いていかれてしまうとキャッチアップが難しくなるので、ぜひ早め早めに自分のわからないところまで戻って復習をするようにしてください。

テーマを決めて集中的に取り組む（重要度：★★★☆☆）

漫然と過ごしているとあっという間に終わってしまうのが長期休み。充実した休みにするためには、**課題以外に「この休み期間中はこれをやるぞ」という自分だけのテーマを決めて取り組む**のがおすすめです。

テーマはなんでもかまいません。

- 英単語を300個覚える
- 世界史の参考書を最後まで読み切る
- 日本史の一問一答を1周する
- 苦手なベクトルの単元だけ基礎問題を50問解く

など、自分の得意を伸ばしたり苦手を克服したりする期間として設定するといいでしょう。

やることに迷ったら模試の復習を（重要度：★★☆☆☆）

「テーマにするような勉強が思いつかない」「時間的にまだ余裕がある」という場合は、**模試の復習をする**のがわたしのおすすめです。これまでに受けた模試すべてというのは難しいと思うので、まずは**直近で受けたもの**の復習をしてみましょう。

模試というのは、広い範囲から特に重要なところや入試で狙われやすいところを出題してくれる、とても優れた勉強ツールです。**ただ受けるだけでなく、徹底的に復習をすることで高い学習効果を発揮してくれます。**

模試の復習方法についてはチャプター6で詳しく解説するので、そちらも参考にしていただけたらと思います。

tips

02

長期休みの勉強計画の立て方

長期休みは2〜6週間ほどのことが多いので、同じく数週間単位の期間を想定してご紹介したチャプター4の**「テスト勉強計画の立て方」をそのまま活用してもかまいません。**

ここでは、**「せっかくなのでそれ以外の方法で計画を立ててみたい！」**という人におすすめの方法を、しっかり派さんとざっくり派さんそれぞれに向けてご紹介します。

時間がとれるしっかり派さん向け

長期休み中、比較的時間がとれる人・しっかり計画を立てたい人には、テスト勉強計画の立て方としてご紹介した短期版3ステップ式計画法を少し軽めにアレンジした**「ポイントビュッフェ式計画法」**がおすすめです。これは、**やるべきタスクの内容の一定量を「1セット」と決めて、ポイントをつけ、毎日の目標ポイント数を満たせるように好きなタスクを組み合わせていく**もの。やり方を詳しくご紹介します。

1 計画を「立てる」

❶書き出す

まずは、長期休み中にやるべきタスクをすべて書き出し、タスク表を作ります。

- 課題・宿題
- （ある場合は）休み明けのテスト範囲の勉強
- 休み中にやると決めた勉強

など、休みの最終日までにやることをピックアップしましょう。テスト勉強計画のときと同様、「英語の音読」のようなおおまかなものではなく、「英語のレッスン1の音読を10回」など、**単元**や**回数**までしっかりと挙げて1セットを作ります。

❷見積もる

つづいて、各タスクの1セットあたりにかかりそうな時間を予想します。ずれにくい勉強計画にするため、できれば実際に何回かやってみて平均の時間を計るのが理想的です。ただし、春休みや冬休みは2週間程度と短いため、余裕がなければこれまでの経験をもとにだいたいの予想をするのでもいいでしょう。

各セットの所要時間を予想し終えたら、「10分あたり1ポイント」などとして、今度は各セットにポイント（得点）を割り当てます（何分あたりを1ポイントとするかは自身で決めてかまいません）。このようにして、各タスクについて**1セットこなすと何ポイントの得点が加算されるのか**を書き出しておきます。

タスク表の書き方例

やること	合計ページ数 or 合計問題数	1セットの内容／時間	合計セット数	1セットあたりのポイント
英文法ワーク p61〜120	60ページ	5ページ /1h	12セット	6p
古文ワーク p21〜40	20ページ	2ページ /30分	10セット	3p
世界史論述 1〜10	10題	1題 /2h	10セット	12p
生物プリント NO.1〜8	8枚	1枚 /30分	8セット	3p
⋮	⋮	⋮	⋮	⋮

❸割り振る

最後に、長期休み期間の毎日の目標ポイント数を決めます。

手帳（もちろんカレンダーなどでもＯＫ）を開き、それぞれの日について**目標となる勉強時間を決めてポイント換算します。**

３時間勉強する日なら、１８０分＝18ポイントがその日の目標ポイント数ということになります。部活や家族の予定などとの兼ね合いも加味してそれぞれの目標ポイント数を決め、手帳にそれを書き込んでおきましょう。

ここでチェックが必要なのが、**長期休み期間の目標ポイント数の合計が、タスク一覧のポイント数の合計より小さくなっていないかどうか**ということ。もし小さかった場合は、その勉強時間では休み中に全タスクを終えるのは不可能ということになります。毎日の勉強時間を増やすか、もしくはタスクを見直して優先度の低いものはカットする必要があります。

ポイントビュッフェ式計画法では、計画を「立てる」アクションはここまででＯＫ。ここまでできたら「実行する」アクションに進みます。

2 計画を「実行する」

長期休みが始まったら、あらかじめ決めておいた毎日の目標ポイント数にしたがって勉強を進めましょう。

朝起きたらまず手帳を開き、**その日の目標ポイント数**をチェックします。そして、**足してそのポイント数に到達できるよう、タスク表のなかから好きなものをビュッフェ形式で組み合わせていきます**。終わったタスクには印をつけるなどして、どのタスクが残っているのかわかるようにしておきましょう。

楽しく勉強できるよう、基本的には厳しいルールは決めずに気分で組み合わせてかまいません。ですが、休みの前半に好きなタスクばかりやってしまうと後半につらいタスクが積み残されてしまうので、適度にバランスをとりながら進めるようにしてくださいね。

3 計画を「振り返る」

休み中に計画の大幅なズレが生じないよう、**春休み・冬休みなら4～5日に1回程度、夏休みなら10日に1回程度の頻度で進捗を確認するようにしましょう**。

手帳の書き方例

日付	目標ポイント	実際のポイント
8/1(月)	30p	28p { ・〜〜10p ・〜〜10p ・〜〜 8p
8/2(火)	48p	50p { ・〜〜20p ・〜〜10p ・〜〜20p
8/3(水)	30p	
8/4(木)	42p	
8/5(金)	30p	
8/6(土)	30p	
8/7(日)	42p	
⋮	⋮	⋮

その期間の「目標ポイント数の合計」と「実際に獲得したポイント数の合計」をチェックし、目標に比べて実際のポイント数がかなり少なくなってしまっている場合は、その原因と対策をしっかり考えて態勢を立て直すようにしてください。

ズレの原因別の対策例

各タスクにかかる時間が、予想より長くなってしまっている
↓より正確な時間の見積もりを行い、各タスクに割り当てるポイントを計算し直す

部活や家族の用事で忙しく、計画より勉強時間が確保できていない
↓毎日の勉強可能時間を見直し、より現実的な目標ポイント数を設定し直す

やる気に波があり、タスクをこなせない日がある
↓やる気を上げる工夫をしたり、やる気のある日にまとめてタスクをこなしたりする

また、休みのラスト3日くらいになってもまだ大幅に遅れが生じている場合は、**優先順位**を検討して「確実にやるタスク」と「できればやる（時間が足りなければあきらめる）タスク」とに分類し、前者を優先して進めるようにしましょう。

時間がとれないざっくり派さん向け

長期休み中、部活や習い事で忙しい人・ざっくりと計画を立てたい人には、**「マイルストーン式計画法」**をおすすめします。これは、**やるべきタスクの全体像を把握してから、ざっくりとした中間目標を決めて学習を進める**もの。やり方を詳しくご紹介します。

1 計画を「立てる」

長期休みが始まるまでに、休み中にやるべきことをすべて書き出します。

- 課題・宿題
- （ある場合は）休み明けのテスト範囲の勉強
- 休み中にやると決めた勉強

など、休みの最終日までにやることをピックアップしましょう。テスト勉強計画のときと同様、「英語の音読」のようなおおまかなものではなく、「英語のレッスン1の音読を10回」など、**単元**や**回数**までしっかりと挙げて1セットを作ります。

次に、長期休み全体をいくつかのタームに分けていきます。

「夏休みの40日間でこれとこれとこれを終わらせる」という計画では、毎日のやるべきことがはっきりとせず、気づいたらタスクが山積みのまま休みも終盤……ということになりかねません。そこで、休み全体をこまめに区切ることによって、**「この数日間でこれをやる」というやや細かめの計画に切り分ける**のです。**春休み・冬休みの場合は4〜5日間程度、夏休みの場合は10日間程度を1タームとして切り分けていきましょう。**たとえば7月23日〜8月31日が夏休み期間なら、下のように切り分けることができます。

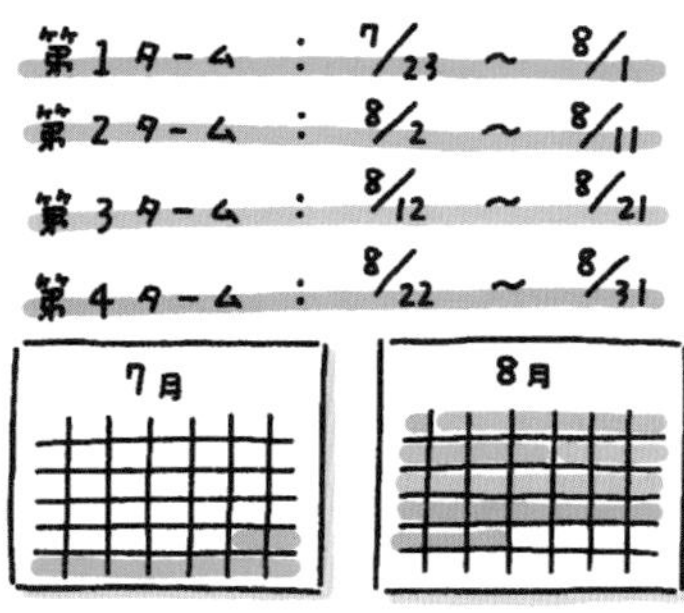

最後に、各タームについてマイルストーンを決めます。マイルストーンというのは仕事の企画や計画でもよく使われる考え方で、**「このときまでにここまで進んでいれば順調」というこ とがわかる中間目標（チェックポイント）**のことです。

左ページのようなイメージで、タームごとのマイルストーンを決めておきましょう。

2 計画を「実行する」

ざっくり派さんのスケジュールなので、「今日はこれとこれをやる」と細かく決めることはせず、その日にできることをやれば基本的にOKです。ただし、**マイルストーンとして設定した中間目標はしっかり意識する**ようにしてくださいね。

3 計画を「振り返る」

タームの最終日になったら、そのターム中にこなすことができたタスクを確認します。マイルストーンを達成できたかどうか振り返り、もし達成できていなかった場合は次のタームの序盤までに巻き返すよう工夫しましょう。

マイルストーン表の書き方例

Term	1	2	3	4
Date	7/23～8/1	8/2～8/11	8/12～8/21	8/22～8/31
マイルストーン				
英単語帳 [1]～[100]	[1]～[25]	[26]～[50]	[51]～[75]	[76]～[100]
英文法ワーク p21～100	p21～40	p41～60	p61～80	p81～100
長文問題集 [1]～[10]	[1]～[3]	[4]～[6]	[7]～[8]	[9]～[10]
数学問題集 [21]～[80]	[21]～[35]	[36]～[50]	[51]～[65]	[66]～[80]
数学通信講座 第8回～11回	第8回	第9回	第10回	第11回
古文単語帳 p6～165	p6～45	p46～85	p86～125	p126～165
⋮	⋮	⋮	⋮	⋮

長期休みの勉強計画におすすめのアイテム

手帳

しっかり派さん向けのポイントビュッフェ式計画法では、手帳に目標ポイント数と獲得ポイント数を書くのがおすすめ。

写真のようなウィークリータイプだと、シールなどで自由に獲得ポイントを表現することができて楽しいですよ。

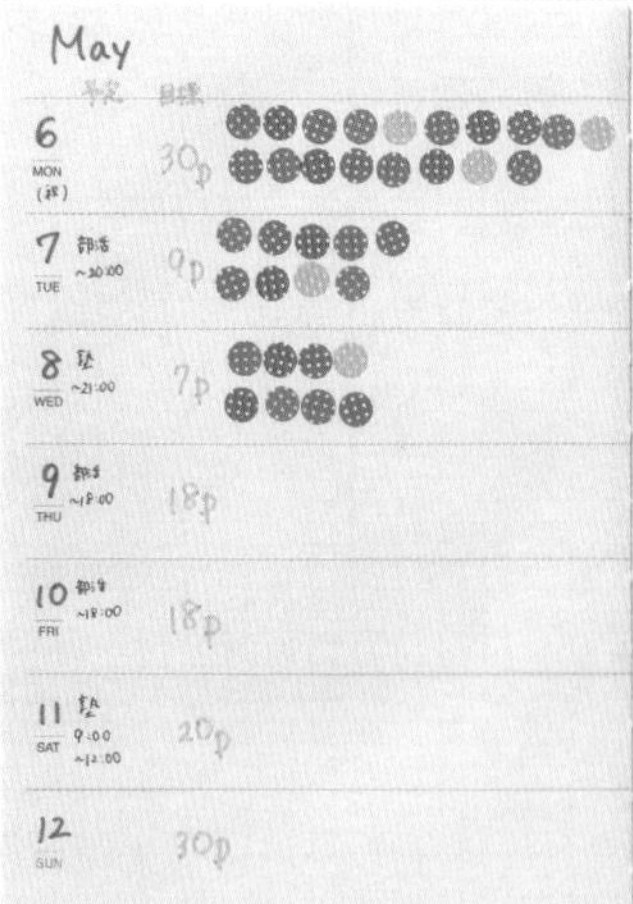

カレンダー

カレンダーでポイントビュッフェ式計画法を実践する場合は、写真のようにある程度余白の大きなものを使うのがおすすめ。自分の好きなデザインのものを選んで壁に掛ければ、部屋も華やいでモチベーションアップにつながります。

chapter 06

受験の勉強計画術

大学受験では、長期間にわたり膨大な量の勉強をこなす必要があります。そのためには計画的な対策が不可欠。余裕をもって第一志望に合格できるよう、適切なプランニングをしていきましょう。

このチャプターでは、崩れない受験計画を立てる方法から、時期別の勉強法、参考書や通信講座の活用法、模試や過去問の活用法まで詳しく解説します。

tips

01

大学受験対策ではなにを勉強すればいい？

膨大な範囲の勉強をしなければならない大学受験。「いったいなにから手をつけたらいいの？」と迷ってしまう人も多いのではないでしょうか。

まずは対策の基本と時期別の勉強法を確認しておきましょう。

大学受験対策の基本

自分の受ける試験の形式・傾向に合わせて勉強する

あらゆる大学の入試は、高校3年生までの学習範囲が出題対象となります。とはいえ、出題の形式や傾向は大学や学部によって大きく異なるもの。受験勉強では、**自分の受ける試験に合わせて対策方法を考える**必要があります。

志望校の試験科目や試験時間、配点、頻出分野などを徹底的に調べ、それに最も適した対策をするようにしましょう。そのために必要なのが**「過去問分析」**。試験の形式や傾向は毎年大きくは変わらないので、過去に実際に出題された問題を確認するのがいちばん手っ取り早いのです。過去問の分析や演習のやり方はこのチャプターの最後にご紹介しますので、ぜひ参考にしてくださいね。

「基礎→応用→本番レベル」の順で勉強する

受験勉強の進め方の基本は、下のようなステップです。

これを守らず、基礎をおろそかにしたまま応用問題を解いたり、実力が備わっていないのに焦って本番レベルの問題にチャレンジしたりしても、本当の実力はまったくつきません。最終的に試験会場で、「こういう問題、見たことはあるけど結局どうすればいいんだっけ……」ということになってしまいます。どんな教科・科目の勉強計画でも、**まずは基礎的なレベルからスタート**しましょう。

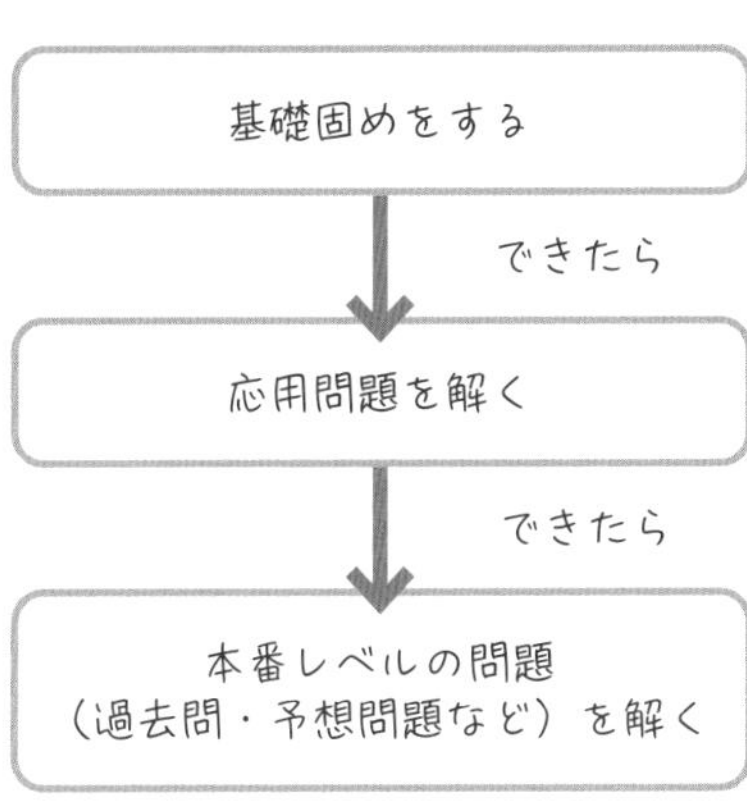

時期別のやるべき勉強

高1から高3の受験直前までのやるべき勉強を、時期別にざっくりとご紹介します。全体的には次のようなイメージで計画づくりをしてください。

高1〜高2の夏にやるべきこと

英語・数学・国語の基礎を固める

高1〜2の間に英数（＋国）の基盤を固めるのが大学受験のセオリー。英単語・英文法・基本的な数学の問題・漢字と評論用語に取り組みましょう。

学部・学科について調べてから文理選択に臨む

高1の途中で行われる文理選択までに大学の学部や学科について調べておき、後悔のない選択をするようにしましょう。

気になる大学のパンフレットを取り寄せたり、オープンキャンパスに参加したりする

少しでも興味のある大学の情報は積極的に集めましょう。高3になると時間がとりづらいので、高2までにオープンキャンパスを巡っておけるとベスト。

高２の秋～冬にやるべきこと

志望校を決める

できれば高２の秋くらいまでに志望大学と学部を決めましょう。迷っている場合は、仮として少し高望みの志望校を設定するのがおすすめ。

国語に本腰を入れる

特に古典の勉強（古文単語・古典文法・漢文句形）を本格的に始めましょう。古典は他の教科・科目に比べて得点を安定させやすいので、早めに完成できるといいですね。

理科・社会も徐々に対策を始める

高２の間は、まずはこれまでに勉強した単元の基本的な用語をマスターしましょう。志望校に応じて受験科目も要検討。

受験の１年前に過去問を１セット解いてみる

まったく歯が立たなくてもかまわないので、できれば高２の１～２月に、共通テスト（受験する場合）と第一志望の過去問を１年分セットで解いてみましょう。「これくらい難しいんだ」という肌感覚をつかむことができます。過去問の代わりに、塾や予備校の同日体験模試（入試と同じ日や直近の日に、実際の入試問題を解く体験ができる模試）を受けるのでもＯＫ。

高3の春にやるべきこと

全科目の基礎固め
受験生になったからといって焦らず、基礎力の養成に徹しましょう。

高2までの苦手をつぶす
本格的な受験勉強に入る前に、これまでの学習範囲で苦手意識がある部分は克服しておきたいところ。

1年間の勉強計画と模試スケジュールを組む
志望校を確定し、それに合わせて計画を立てます。
適切なタイミングで模試を受けられるよう、スケジュールに組み込んでおきましょう。

高3の夏にやるべきこと

苦手な科目・単元は基礎固めを継続し、それ以外では応用レベルの対策を始める

夏は「受験の天王山」。引き続き基礎固めを進めながら、徐々に応用レベルの問題にも取り組んでいきましょう。

理科・社会の範囲を先取りしておく

学校の授業が冬ごろまで終わらない学校（公立高校に多いです）の場合は、夏休みのうちにひとおり範囲を先取りしておきたいところ。易しい読みもの系の参考書を1周読むくらいでOKです。

夏の模試を受ける

夏は予備校各社が大きな模試を開催する時期。自分の立ち位置を把握するのに役立てましょう。

暗記ノートを作っておく

何度も間違えてしまうところやよく混乱してしまうところ、模試で間違えたところなどは、これくらいの時期から暗記ノートにまとめていくのがおすすめ。この方法でなくてもいいのですが、自分の苦手は一箇所にまとめておくようにしましょう。

高3の秋にやるべきこと

応用レベルの問題を解く
ただし、苦手な科目や単元は無理せず基礎固めをつづけてください。

過去問演習を始める
志望校やそのときの実力にもよりますが、第一志望は10月あたりから、共通テストは11月あたりから過去問演習をスタートさせましょう。

秋の模試を受ける
10～11月も、予備校各社が大きな模試を実施する時期です。自分の志望校に合わせて適切な模試を受験しましょう。

暗記ノートを活用する
これまで書いたところを復習しつつ、新たに見つけた自分の苦手を書き足してノートを作っていきます。

高3の冬にやるべきこと

過去問・予想問題に取り組む

本番形式の問題演習を中心に据えます。解き終わったら自己採点をし、徹底的な復習を行いましょう。

暗記ノートをくり返し読み返す

これまで集めてきた自分の苦手を何度も確認し、穴を減らしていきます。

共通テスト・第一志望・併願校の対策をバランスよく行う

国公立大志望の場合は、共通テストと二次試験（個別試験）との配点比率や足切りの有無も考慮し、適切なバランスで対策をしましょう。私大志望の場合は、第一志望の個別試験対策に重点を置きつつ、第二志望以下の個別試験の対策も過不足なく行うようにしましょう。

高3の超直前期（入試1週間前～前日）にやるべきこと

新しい問題は解かず、これまで解いた問題を解き直す

初めての問題は解けなかったときに焦ってしまうので、この時期はこれまでに間違えた問題を解き直すのが基本です。

暗記ノートをくり返し読み返す

「ここに書いてあることが本番出題されたら絶対間違えないぞ！」という覚悟で何度も確認しましょう。

直前暗記リストで最後の確認を行う

入試2日前ほどになったら、最後の最後に確認しておきたい箇所をルーズリーフなどに書き出し、当日の朝や休み時間にパッと読み返せるようにしておきます。

高3の入試当日にやるべきこと

時間に余裕をもって試験会場に行く
電車の遅延や急な腹痛などの不測の事態が起きても焦らないよう、余裕をもったスケジュールで会場に行きましょう。会場に着いたら、まずはお手洗いの場所をチェック。

空き時間は直前暗記リストのチェックか精神統一
空き時間は自分に合った過ごし方を。ギリギリまで勉強内容を確認しているほうが落ち着く人は、直前暗記リストを読み返すようにしましょう。直前は勉強にふれると緊張してしまうという人は、ゆったりと気持ちを統一する時間に充てましょう。

食事は食べ慣れたものを
お昼を挟む場合は、いつも食べ慣れているものを昼食に選ぶようにしましょう。ちなみにわたしは模試のときから、いつもコンビニのおにぎりとお茶（もしくはお水）と決めていました。

自己採点はすべての科目が終わってから
途中で自己採点をすると、点数がよければ油断に、点数が悪ければ絶望的な気持ちにつながってしまいがち。すべての試験が終わってからにするほうがおすすめです。

tips

02 崩れない受験勉強計画の立て方

さあ、いよいよ志望校合格のための最強プランを作っていきましょう！

受験の勉強計画は時間がかかってもしっかりと立ててほしいので、ここではしっかり派さん・ざっくり派さんとに分けず、全員の人にやってほしい**「長期版3ステップ式計画法」**をご紹介します。

1 計画を「立てる」

0 ゴールと現在地を把握する

計画を立てる前にまずやるのが、**ゴールと現在地の把握**です。

受験でいうゴールとは、志望校合格のこと。現在地とは、いまの自分の実力のことです。**受験勉強というのは、このゴールと現在地の間の距離を埋めていく作業といえます。**

ゴールを確認するためには、まず**志望校を決める**必要があります。はじめのうちは仮でもかまわないので、目指す大学・学部学科を決めましょう。志望校はできれば高2の秋くらいまでに、遅くとも高3の春までに確定したいところです。

志望校を掲げたら、その大学・学部学科について次の4つを調べましょう。

- 入試科目
- 各科目の配点
- 合格者平均点（できれば各科目と合計の両方）
- 合格者最低点（できれば各科目と合計の両方）

合格者最低点は最低限超えなければならない目標点、合格者平均点は当日の目標点の目安になります。

現在地を確認するためには、**いまの自分のレベルをなるべく正確に知る**必要があります。**そのために手っ取り早いのは模試を受けること。**直近の模試の成績表を見て、自分の偏差値や志望校の判定を確認してみましょう。ただし、この時点でまったく合格圏に届いていなかったとしても、今後の勉強で挽回すればいいだけなので気にしないようにしてくださいね。あくまで「あとどれくらいの距離があるのか」を知ることが目的です。

ゴールと現在地がわかったら、左のように大まかな**「逆算プラン」**を作りましょう。

最終目標を「○○大学△△学部に□点で合格する」と決め、「入試当日にその結果を得るためにはいつまでにどうなっていればいいか」をざっくりと考えます。

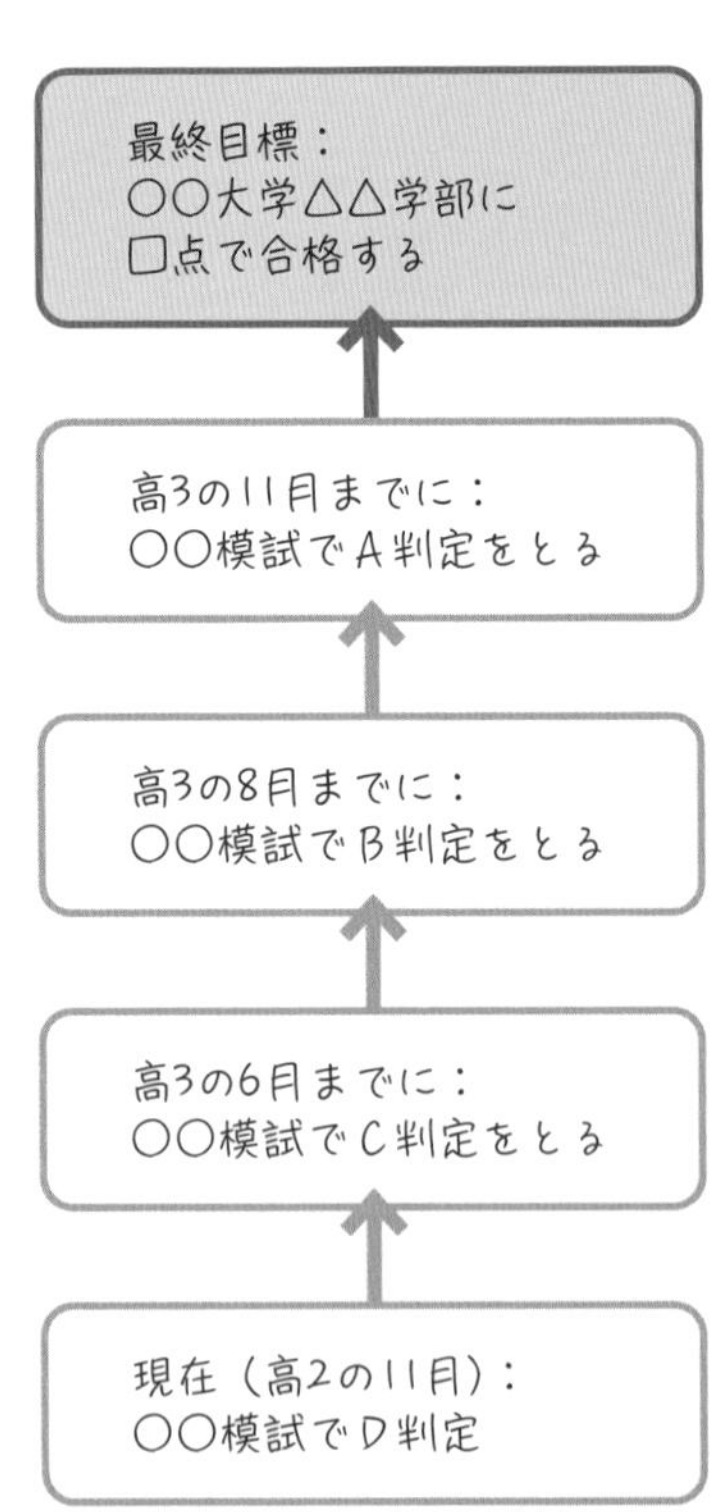

❶書き出す

ここからいよいよ計画づくりに入ります。

「書き出す」では、**「ゴールにたどり着くためにやらなければいけないこと」の全貌を把握する**必要があります。最終目標を達成するために必要な勉強内容を調べ上げ、すべて書き出しましょう。ここで疑問となるのが、「やらなければいけないことというのは、どうやったらわかるの？」ということですよね。次のような方法で調べてみてください。

- 志望校の合格体験記を読む
- Ｗｅｂサイト、ＹｏｕＴｕｂｅなどのＳＮＳで調べる
- 志望校に合格した先輩の話を聞く
- 学校や塾の先生に聞く

なかでも最も読み込んでほしいのが**志望校の合格体験記**です。合格体験記には先輩たちがその志望校に入るためにやってきたことが書かれているので、その内容を徹底的に真似すれば同じように実力をつける道標（みちしるべ）になるでしょう。

書籍や冊子の形にまとまっているものがなければ、個人のブログやSNSを探してみるのでもOK。なるべく複数の体験記を読んで共通点を見つけ、**「いつまでになにをすると受かるのか」**ということを把握しましょう。

ここまでできたら、それをToDoリストの形に落とし込みます。あくまでまだ「書き出す」段階なので、

- **教科・科目**
- **項目（「古文単語」「古典文法」「古文読解」など）**
- **候補となる参考書**

を箇条書きにする程度でかまいません。

❷見積もる

次の「見積もる」ステップでは、**使う教材を実際に解いてみて、かかる時間を計ります**。

受験の勉強計画は長期にわたるプランなので、この見積もりが甘いと、小さな「ずれ」が積もり積もって大きな「くずれ」につながってしまいます。定期テストや長期休みの計画づくりのとき以上に、タスク一つひとつについてしっかりと正確な見積もりをするようにしましょう。

▼見積もりをする対象

とはいえ、❶で書き出したＴｏＤｏリストは受験当日までに数カ月〜数年かけてやるべきことのリストなので、この時点でそれらすべてのタスクを試してみる必要はありません。まずはＴｏＤｏリストのうち、**直近1カ月で行うタスク**だけ見積もりをしましょう。

▼見積もりのやり方

たとえば、英単語帳の例文の書き取りをしようと思っているとします。まずは実際にやってみてください。何分でどれくらい進んだでしょうか。もし60分で40個の例文の書き取りができた場合、60÷40＝1.5で、例文1個あたり1.5分で書き取りができるということになりますね。

ここで、**「各タスクについて、何分くらいを1セットとするか」**を考えます。

いまの例で、もし「60分あれば40個進むことがわかったけど、一度に60分もやるのはしんどいなぁ」と感じた場合、1セットは「30分で20個」などとするのがいいでしょう。もちろんこの期間にこれだけ進めなくてはいけないという目標がある場合はそれも考慮しなければなりませんが、基本的には筋トレと同じで、**「ほどよいボリュームの1セット」**を作ることが大切です。

❸割り振る

最後に、❶で書き出したＴｏＤｏリストと❷で作ったセットを使って、**年間計画→月間計画→デイリー計画の順**で具体的な計画を立てていきます。

▼年間計画の立て方

年間計画は、❶で書き出したＴｏＤｏリストをもとにざっくりと作ります。

「この時期は基礎力養成期間」「この時期は過去問演習期間」のように時期ごとのテーマを決め、使う参考書を割り振っていきましょう。

この計画は数カ月ごとにアップデートするのが前提なので、内容は厳密でなくてかまいません。 たとえばわたしの場合だと、「リスニングは夏までに基礎的な参考書を1、2冊やる──→夏～秋に標準レベルの参考書を1冊完璧にする──→直前期にハイレベルな参考書を1冊こなす」といったように、科目ごとにおおまかな方針を決めていました。これを各科目について行うようにしましょう。

「自分なりに調べてＴｏＤｏリストと年間計画を作ったけど、本当にこれをこなせば志望校に合格できるのか自信がない」という人もいると思います。不安な場合は、自分だけで判断せず、塾や学校の先生に見てもらったり勉強計画づくりの専門サービスを利用したりするなど、プロの目でチェックしてもらうのもおすすめです。

年間計画の立て方例

目標点					
	共通テスト	810	点	／	900点
	二次	260	点	／	440点

③秋ターム	④直前ターム
模試の反省も踏まえ、苦手部分の見直しと過去問演習をどんどん進める。	過去問＆予想問の演習！

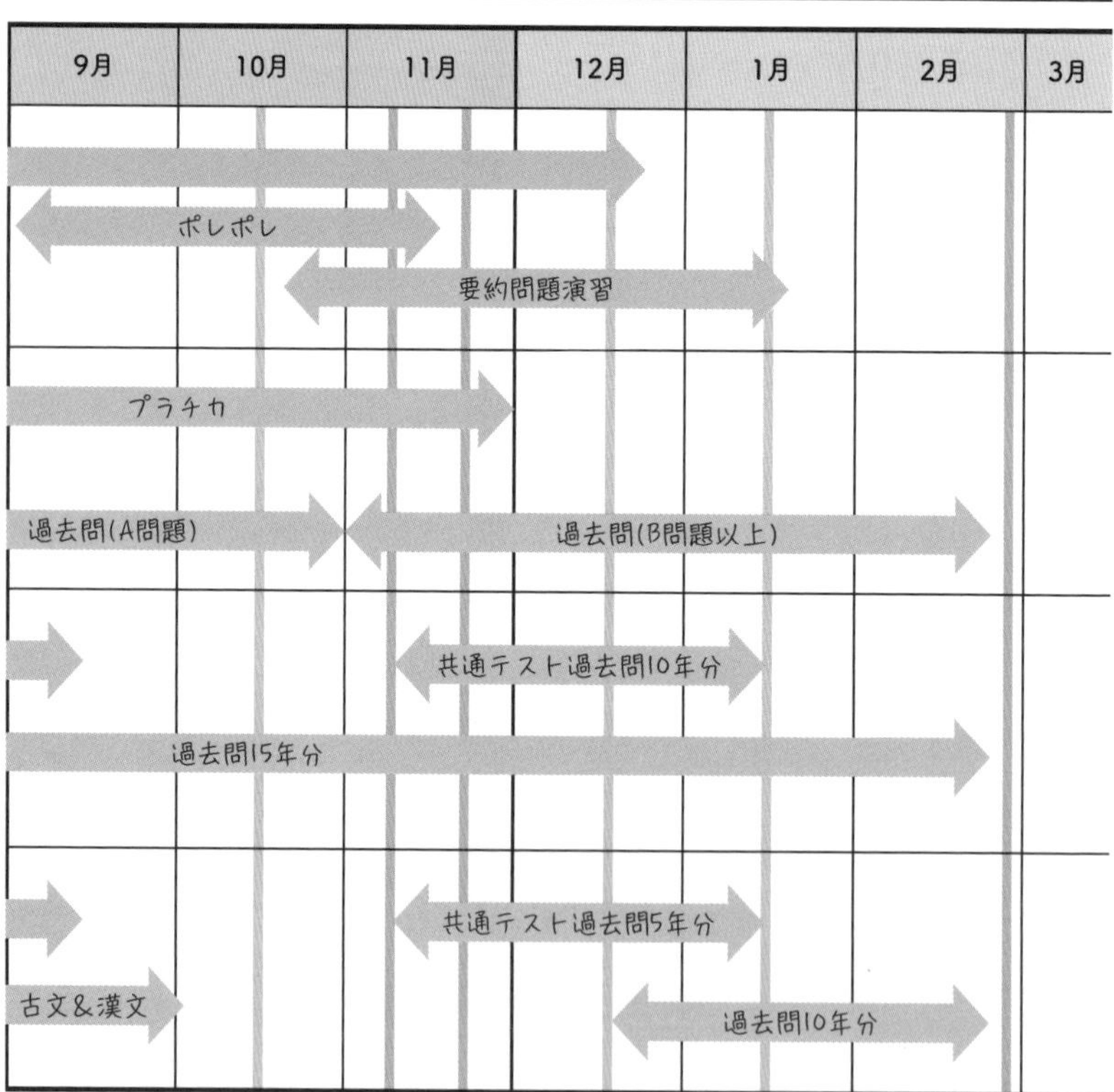

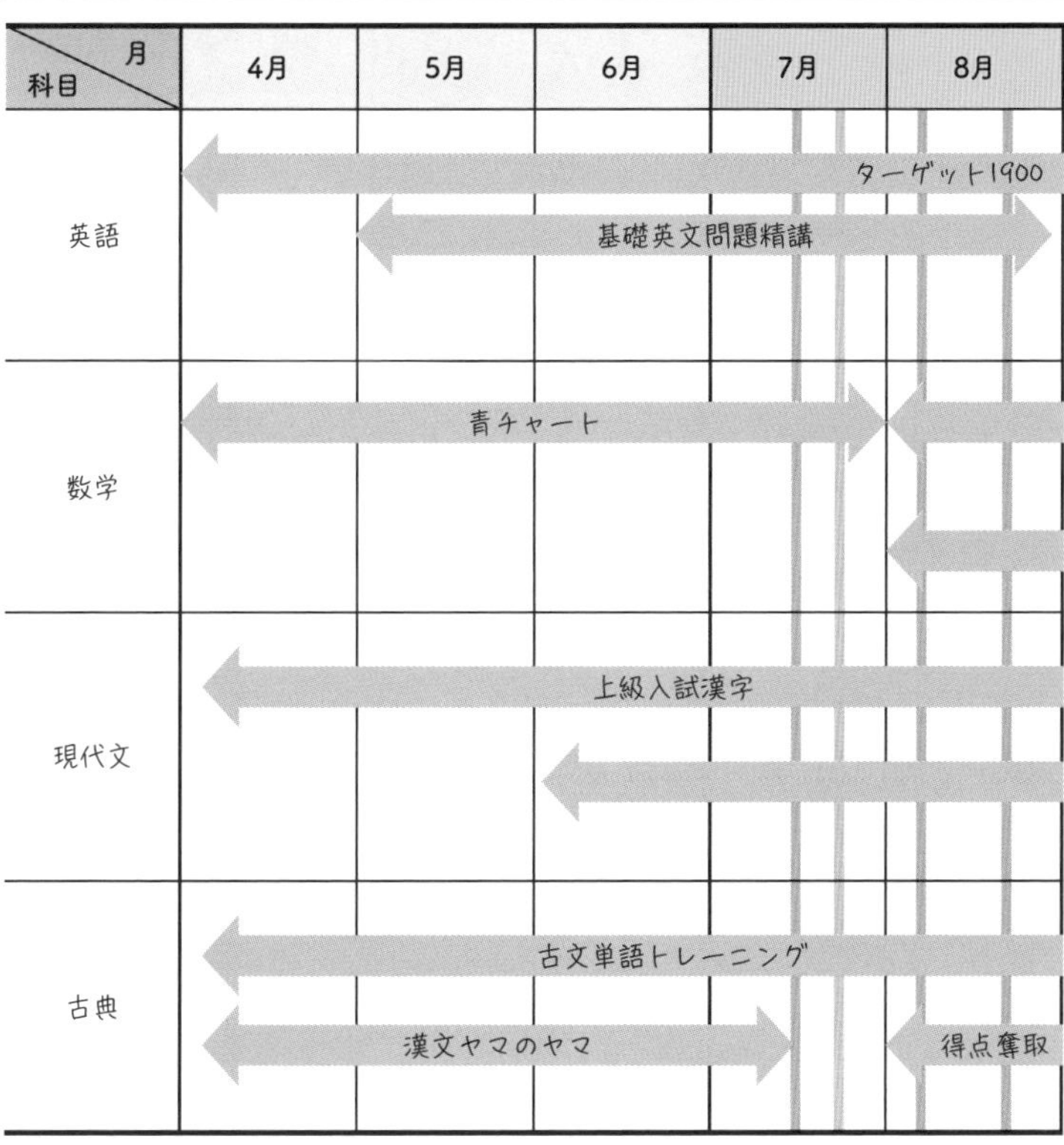
志望校：（ 東京大学文科3類 ）
時期
①春ターム
②夏ターム
方針
基礎力をつける。
単語や文法、基本解法をコツコツと
マスターする。
基礎力をつけつつ、夏の模試に
向けて実戦的な演習を始める。
月
科目
4月
5月
6月
7月
8月
英語
ターゲット1900
基礎英文問題精講
数学
青チャート
現代文
上級入試漢字
古典
古文単語トレーニング
漢文ヤマのヤマ
得点奪取
東大プレ①
東大OP①
東大実戦①
駿台マーク①

▼月間計画の立て方

年間計画は内容がざっくりめになるので、本当に重要になってくるのは**月間計画**と**デイリー計画**です。まずは月間計画を立てます。年間計画を達成するために毎月どのような勉強を進めていくかを詰めていきましょう。

この月間計画では、各参考書について「その月にどのような方法で何周するのか」ということを決めます。たとえば次のようなイメージで作っていきます。

例　英単語帳『DUO 3.0』
● どのような方法で
→例文の書き取りをする
● その月に何周するのか
→1周（560例文）

直近1カ月だけでかまわないので、このように各参考書についてその月にこなす内容を決めましょう。

▼デイリー計画の立て方

最後に、❷で作ったセットと見積もりをもとに、**1日単位の勉強計画（デイリー計画）**を作ります。1日単位だと細かすぎて息が詰まってしまうという人は、**1週間単位の計画（ウィークリー計画）**でもＯＫです。ここでは1日単位でご説明します。

先ほどの例で、英単語帳の例文書き取りの1セットを「30分で20個」とすると、英単語帳の例文５６０個の書き取り練習を終えるには５６０÷20＝28セット必要ということがわかります。この28セットを**適宜割り振っていくのがデイリー計画づくり**です。１カ月のなかで合計28日を選び、このタスクを入れ込んでいきましょう。

気をつけてほしいのが、「自分が1日に勉強できる時間をあらかじめ把握しておく」ということ。あれもこれもと詰め込んでしまうと、「1日のタスクの合計が15時間になってしまった！」なんてことになりかねません。

自分の集中力・体力やその日その日の予定も踏まえ、勉強に充てられそうな現実的な時間を考えましょう。また、定期テスト前の期間にはテスト勉強をする時間も確保する必要があります。学校のテストは受験の出題範囲にもなるので、しっかりと取り組むようにしましょう。

そして、たとえば「自分は1日に8時間まで勉強できそうだ(勉強したい)」と考えたら、それにおさまるように勉強計画を組んでください。

このとき、**合計8時間ぴったりになるタスクを入れるのではなく、1~2時間ほど余裕をもたせたスケジュールを組む**ようにしましょう。8時間かかるキッツキツの予定を組んでしまうと、どこかで思いのほか時間がかかったというときに、あっという間に計画倒れを起こしてしまうからです。

英単語：30分
英文読解：1時間30分
数学の復習：2時間
古文読解：1時間
世界史の教科書の黙読：1時間
日本史の一問一答：30分
合計6時間30分

また、**「週に1日の割合で『調整日(タスクゼロDAY)』を作る」**というのもポイントです。わたしは浪人時代、これを徹底したことで計画倒れを起こさなくなりました。

どんなにがんばっていても、思ったより時間がかかったり体調を崩したりして翌日以降にタスクが持ち越しになってしまうことはあります。そんなとき、週に一度タスクが入っていない調整日があれば、その日で1週間分の遅れを取り戻すことができるようになるのです。

デイリー計画の立て方例

	英単語帳	数ⅠA 問題集	数ⅡB 問題集	古典文法 基礎ドリル	漢文句形 基礎ドリル	世界史 一問一答	日本史 教科書音読
1日 水		p1〜5	p1〜5	p6〜25		p1〜5	p6〜25
2日 木	p1〜10	p6〜10	p6〜10	p26〜45		p6〜10	p26〜45
3日 金	p11〜20	p11〜15	p11〜15	p46〜65		p11〜15	p46〜65
4日 土	p21〜30	p16〜25	p16〜25	p66〜85		p16〜20	p66〜85
5日 日	調整日	調整日	調整日	調整日		調整日	調整日
6日 月	p31〜40	p26〜30	p26〜30	p86〜105		p21〜25	p86〜105
7日 火	p41〜50	p31〜35	p31〜35	p106〜125		p26〜30	p106〜125
8日 水	p51〜60	p36〜45	p36〜45	p126〜145		p31〜35	p126〜145
9日 木	p31〜40	p46〜55	p46〜55	p146〜165		p36〜40	p146〜165
10日 金	p41〜50	p56〜60	p56〜60	p166〜185		p41〜45	p166〜185
11日 土	p51〜60	p61〜65	p61〜65	p186〜205		p46〜50	p186〜205
12日 日	調整日	調整日	調整日	調整日		調整日	調整日
13日 月	p61〜70	p66〜70	p66〜70			p51〜55	p206〜225
14日 火	p71〜80	p71〜75	p71〜75			p56〜60	p226〜245
15日 水	p81〜90	p76〜80	p76〜80		p6〜25	p61〜65	p246〜265
16日 木	p61〜70	p81〜90	p81〜90		p26〜45	p66〜70	p266〜285
17日 金	p71〜80	p91〜100	p91〜100		p46〜65	p71〜75	p286〜300
18日 土	p81〜90	調整日	調整日		p66〜85	p76〜80	
19日 日	調整日				調整日	調整日	
20日 月	p91〜100	p1〜30復習	p1〜30復習		p86〜105	p81〜85	
21日 火	p101〜110	p31〜60復習	p31〜60復習		p106〜125	p86〜90	
22日 水	p111〜120	p61〜90復習	p61〜90復習		p126〜145	p91〜95	

2 計画を「実行する」

年間計画・月間計画・デイリー計画がそろったら、デイリー計画にしたがって毎日のタスクをこなしていきます。年間計画はときどき振り返って、受験勉強全体のイメージを頭に入れるくらいでＯＫ。１日のなかで終わらなかったタスクがあれば印などをつけておき、翌日見落とさないようにしましょう。タスクゼロＤＡＹになったら、それまでの６日間でこなしきれなかったタスクを洗い出してひとつずつ消化します。

3 計画を「振り返る」

デイリー計画は、週に１回の調整日（タスクゼロＤＡＹ）に振り返って調整し、それでもズレが出てしまった場合は、**遅れを翌月以降に後ろ倒しするか、優先度を見直してそのタスクを削るか、月末に検討しましょう**。わたしはいつも毎月末にすべての進捗をチェックし、それを踏まえて翌月の１カ月分のデイリー計画を立てるようにしていました。新しいデイリー計画を踏まえ、月間計画を見直しておきましょう。**年間計画は、2～3カ月に1回程度の頻度で振り返ります。**

デイリー計画・月間計画・年間計画はそれぞれ次のような観点で見直してみてください。

● デイリー計画
・遅れが発生していないか
（発生している場合、その遅れをどうするか）
・遅れの発生の原因はなにか

● 月間計画
・参考書の使い方（黙読する・音読する・例文を書き取るなど）は適切か
・1カ月にこなす量を過不足なく設定できているか

● 年間計画
・計画に入れたタスク（参考書など）は過不足ないか
・予定どおり実力を上げることができているか

慣れるまでは月間・デイリー計画は2週間に1回程度、年間計画は1カ月に1回程度の頻度でこまめに確認するといいでしょう。

tips

03 参考書や通信講座の活用法

参考書の使い方のポイント

参考書は適切な方法で使うことで最大限の効果を発揮してくれます。おさえておくべきポイントをご紹介しますね。

同じ目的の参考書をダブらせない

参考書は**「浮気しない」**がルールです。「一度に2冊以上の英単語帳に取り組む」「複数冊の古典文法書を同時進行する」のように、**同じ目的の参考書を同時に使うのは避けてください**。これをしてしまうと、重複が生まれて非効率になってしまったり、やることが増えすぎて混乱してしまったりすることがあります。

「英単語帳1冊と英文法の参考書1冊を同時に使う」「数学の基礎問題集が終わってから応用問題集に移る」のように、目的が違うものの同時並行やレベルに合わせたステップアップはもちろんOKです。

最初に目次と「本書の使い方」をチェック

参考書を買ってきたらいきなり始めるのではなく、まず**目次**にひととおり目を通してください。これをすることで、「この参考書ではどんなことがわかるのか」「どんなことがどんな順番で書かれているのか」という全体像をつかむことができます。

また、冒頭に**「本書の使い方」**のようなページがある場合は要チェック。本編に登場するマークの意味や参考書の進め方など親切なガイドが書いてあることも多いので、あらかじめ確認しておくようにしましょう。

直接書き込む？　ノートに解く？

特に問題集（手を動かして問題を解くようなテキスト）の場合、答えを直接書き込むか、何度も使えるようにノートに解くか迷うことがあると思います。

一概にはいえませんが、わたしは**1周しかしない想定の問題集には直接書き込み**をしていました。一方、**2周以上する想定の問題集を使う場合は書き込みをせず、ノートに解くか頭のなかに解答を思い浮かべる**（一問一答などそのページに答えまで載っているものの場合）ようにしていました。

英語や国語の読解問題集などを使う際、2周以上解けるようにコピーをとって解くという人もいるかもしれません。その作業が負担にならないのであればいいのですが、もしすごく時間や手間がかかってしまうという場合は、**直接書き込みをして使い、もう1周するときには思いきってもう1冊同じものを買い足す**というのも手です。わたしも、1周だけするつもりだった古文・漢文の読解問題集を直接書き込み式で使っていたのですが、あとになってもう1周解いたほうがいいという判断になり、同じ問題集を買い直したことがありました。

参考書の進め方

参考書（特に問題集）は、**何周もくり返し使用して中身を定着させる**のが基本の使い方です。何周するかは参考書の種類や自分自身の定着度によって変わりますが、**おおむね3周程度が目安**です。とはいえ、ただ「頭からひととおり読む」「すべての問題を順番に解く」ということを3周するのではちょっと非効率。効果的にくり返し学習ができる方法を3つご紹介したいと思います。

①○×濾過法

全般に使える基本の進め方が**「○×濾過法」**です。

まず1周目は、頭から順にすべての問題を解き、解けた問題に○、解けなかった問題に×、惜しかったり怪しかったりした問題に△の印をつけます(面倒であれば○は省略してもOK)。

つづく2周目は、1周目に×と△の印をつけた問題だけを解き、同様に印をつけていきます（このとき、1周目と2周目で違う色のペンを使うと区別がつきやすくなります）。

そして3周目は、2周目に×と△の印をつけた問題だけを解き、また同様に印をつけます。3周目でも×や△の印がついてしまった問題は暗記ノートなどに転記し、スキマ時間に何度も見返すようにしましょう。

このようにして、「×や△の印がついた問題＝自分の苦手」をだんだん濾過（ろか）するようにして減らしていくのが○×濾過（ろか）法です。

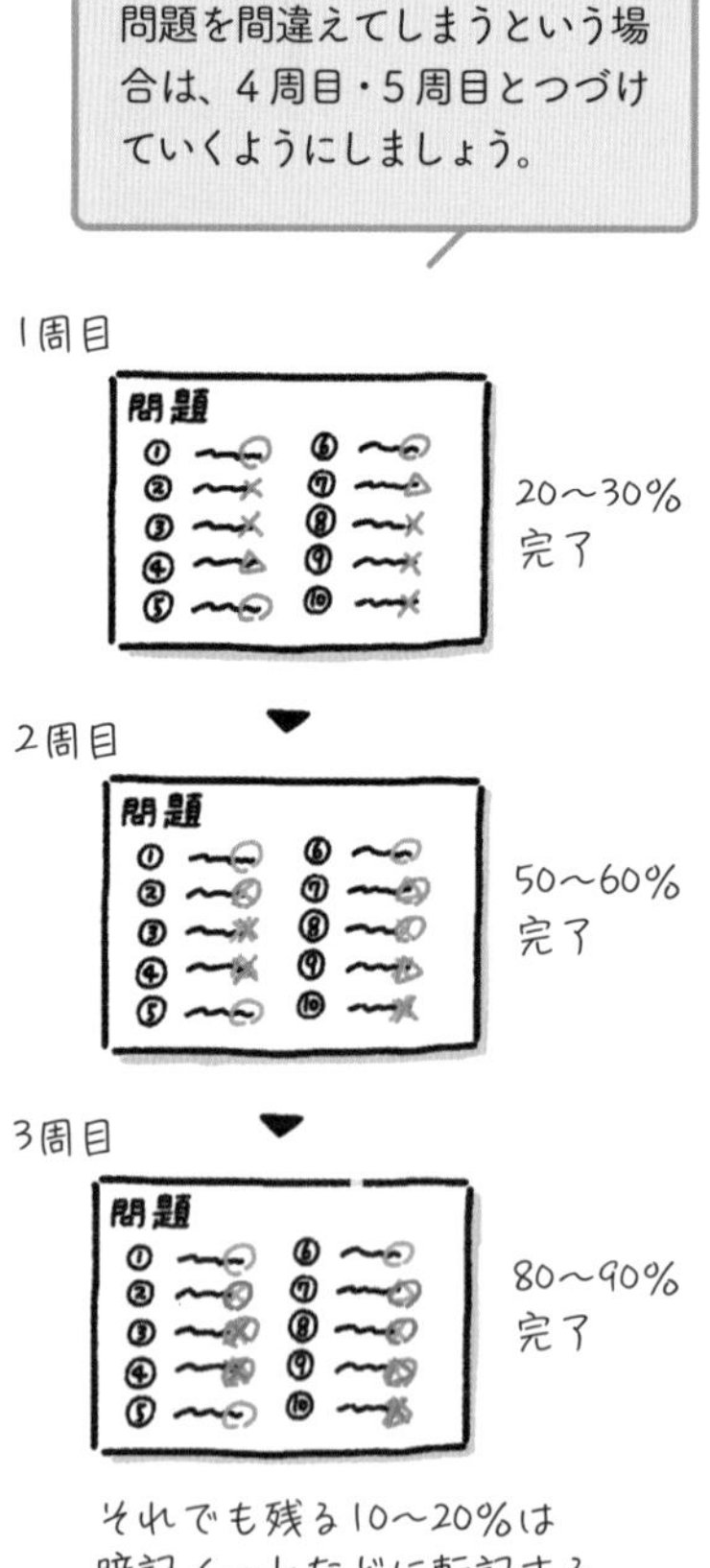

②ペンキ塗り法

内容量の多い参考書や問題集を使う際、「やっと1周目を終えて頭から解き直してみたら、ほとんどなにも覚えていなかった……!」ということ、ありませんか？（わたしは日常茶飯事です！（笑））

この「記憶の初期化」問題を防ぐ方法としておすすめなのが、**「ペンキ塗り法」**という進め方です。

問題集を解く場合、普通に進めようとすると次のような感じになりますよね。

月曜日	1〜10番を解く
火曜日	11〜20番を解く
水曜日	21〜30番を解く

ですが、ペンキ塗り法では次のように進めます。

月曜日　1〜10番を解く
火曜日　6〜15番を解く
水曜日　11〜20番を解く

このように、前日（前回）と同じ問題やページを少しずつかぶらせながら進めていくのがペンキ塗り法。

ペンキというのは、二度三度と重ね塗りすることで色をつけていきますよね。勉強もこのように重ね塗りをするようにしていくと、普通に進めるよりも定着度が上がり、効率的に勉強できるようになります。

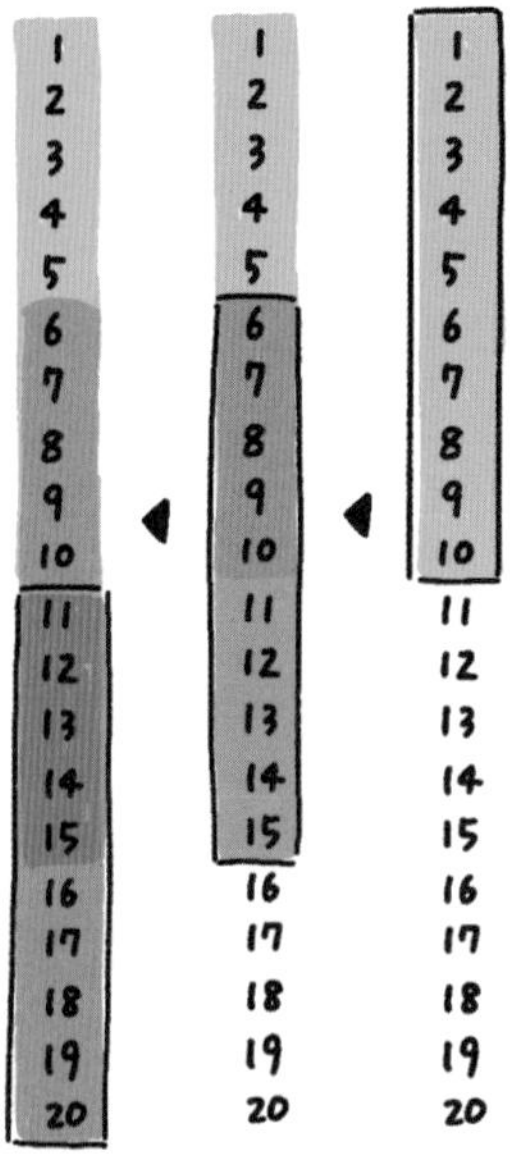

1 2 3 4 5 6 7 8 9 10 11 12 13 14 15 16 17 18 19 20 ▶ 1 2 3 4 5 6 7 8 9 10 11 12 13 14 15 16 17 18 19 20 ▶ 1 2 3 4 5 6 7 8 9 10 11 12 13 14 15 16 17 18 19 20

③章ごとに完成法

「記憶の初期化」を防ぐ方法として、もうひとつおすすめなのが**「章ごとに完成法」**です。特に、自力では歯が立たない問題ばかりの参考書に挑戦しているときにおすすめの方法です。

これは、わたしが『文系数学の良問プラチカ』（河合出版）という数学の問題集を解くときに使っていた進め方。この問題集には全部で150題ほどの問題が載っているのですが、当時のわたし（数学弱者）にはレベルが高くて……。頭から順に解いていくと、

歯が立たない↓解答解説を読みながら解き直し、なんとなく理解する↓次の問題に進む↓歯が立たない↓解答解説を読みながら解き直し、なんとなく理解する↓……（ほぼ全問について同じことのくり返し）……↓最後まで一応終える↓2周目にまた頭に戻ったところ、1周目と同じくらい歯が立たない（↓以下無限ループ）

ということになってしまいました。かといって一日にそんなに何問も解けないため、ペンキ塗り法もあまり向かないかも……ということで考えたのが、**「数日間で1章分を徹底的にやり込んで、完成したら次の章に進もう」**ということです。**問題集1冊という大きな単位を「章」という小さな単位に区切り、それぞれに数日間を充てた**のです。

このように**小さな単位（1章に入っているのは10～20題程度）に分けてしつこく何度も解く**と、だんだんと理解が深まり、自力で解けるようになっていきます。最後の章まで終えたら、次は普通に解いていけばＯＫ。もちろんそれでも解けない問題はあると思いますが、１冊単位で周回するよりは格段に解けるはずです。

通信講座を溜め込まないコツ

市販の参考書とあわせて、通信講座を利用する人もいると思います。

通信講座でありがちなお悩みが、「ついついサボってしまって、解いていない問題が溜まっていってしまう」ということ。わたしも高３のときには、最初の数回以外ほぼ溜め込んでしまっていました。そんな人におすすめのコツを３つご紹介します。

①提出日をカレンダーに書き込む

通信講座の教材には、目安として提出締切日が決められていることが多いかと思います。**その提出日がわかり次第、カレンダーや手帳などに書き込んでください。**普段から目にするところに書き入れておけば、学校の課題や宿題と同じように締切を守りやすくなります。

②通信講座ＤＡＹを作って確実に取り組む

わたしが浪人のときに実践して最も効果があったのが、デイリー計画・月間計画を立てるときに、**「あらかじめ通信講座ＤＡＹを決めておく」**という方法です。

通信講座ＤＡＹとは、その他の勉強は最低限にしぼり、通信講座の教材を最優先課題に置く日。わたしが受講していた通信講座は月に２回の提出日があり、それに合わせて通信講座ＤＡＹを月に４日設けていました。

４日というのは、

❶その月の１回目の教材を解く日
❷その月の２回目の教材を解く日
❸前月の１回目の教材の復習をする日
❹前月の２回目の教材の復習をする日

の計４日。前月の復習というのは、前月に提出して添削されて戻ってきた答案の確認です。

あらかじめこのように計画しておくことで、「通信講座は後回しにしたいな……」という気持ちをおさえ、「今日は通信講座の日って決めたからやらなきゃ！」とがんばることができますよ。

③溜め込んでしまったら「とりあえず最新のものを提出する」

そうはいっても、何回分か溜まってしまった……というときもありますよね。そんなときにおすすめなのは、**「とりあえず最新のものを解いて出す」**ということです。最新のものだけでもしっかり片づくと、意外と波に乗ってそれ以前のものも進められるようになりますよ。

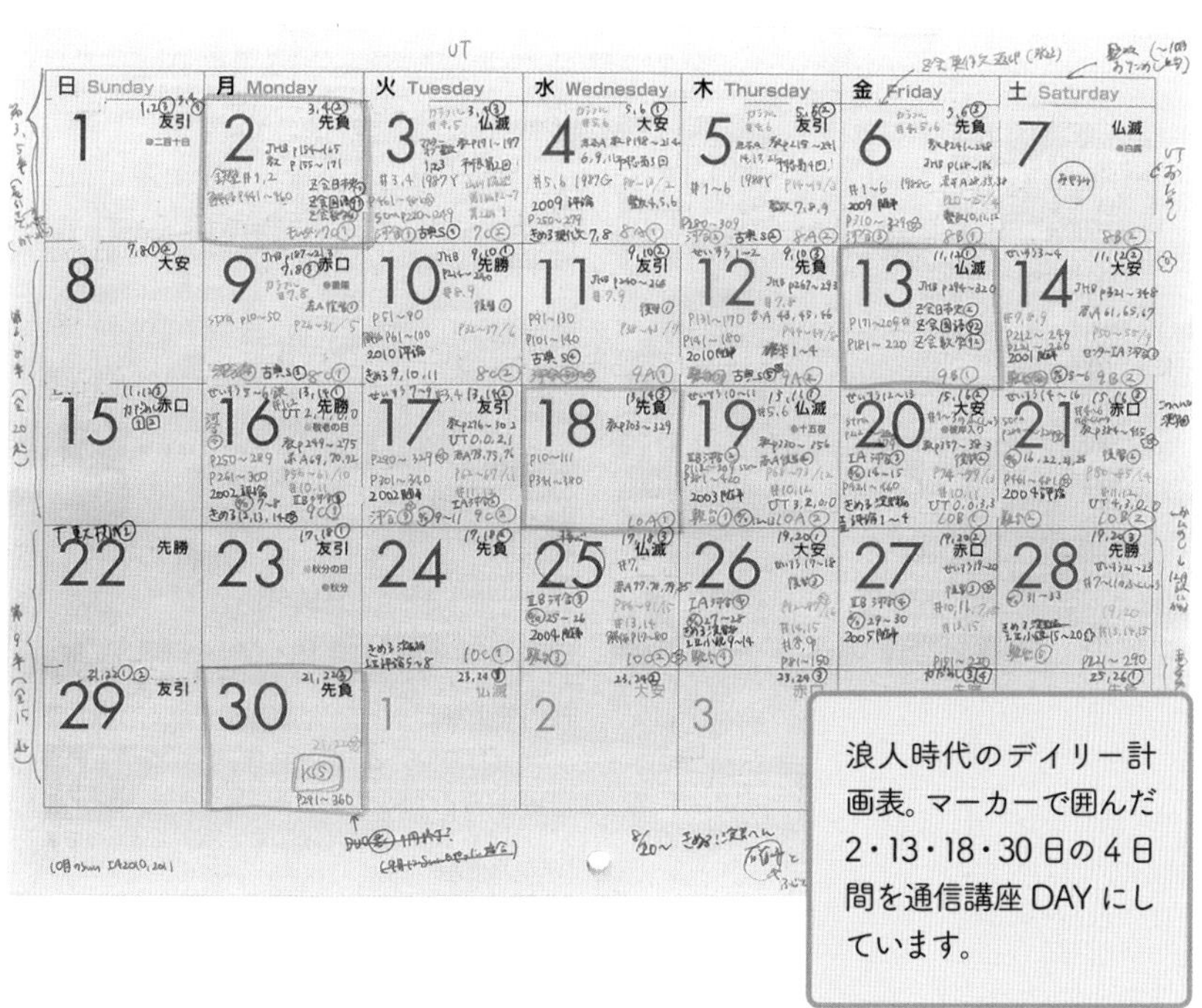

浪人時代のデイリー計画表。マーカーで囲んだ2・13・18・30日の4日間を通信講座DAYにしています。

tips

04

―模試の活用法

模試はなんのために受ける？

受験生には欠かせない存在の「模試」。模試を受ける目的は大きく２つあります。

①自分の立ち位置や苦手を知るため

１つ目は、自分の現在地を知ることです。

自分ひとりで勉強していると、なんとなくがんばっているつもりではいても、「１カ月前と比べてこれくらい伸びた」「志望校合格まであと何点足りない」ということはなかなかわかりませんよね。

ですが、模試を受ければ、「あなたは同じ志望校を目指す人のなかでこれくらいの位置にいますよ」「あと何点伸ばせば合格圏内に入れますよ」という**自分の立ち位置**を教えてもらうことができます。同時に、「この科目はすでに合格に近づいているけれど、この科目はまだ圏外にいる」「この分野とこの分野で点数がとれていない」といった**自分の苦手**もわかります。

こうしたことがわかると、**どの科目や分野にどれだけの時間を振るか**という方針が決まり、適切な勉強計画が立てられるようになります。

②試験の雰囲気に慣れるため

もう1つは、場慣れすることです。

入試は非日常空間。緊張感あふれる試験会場や優秀そうに見える周りの受験生たちの雰囲気にのまれ、本来の実力が発揮できなくなってしまうこともあります。そうならないために、**普段から本番に近い環境に慣れておく**ことが大切です。複数回の模試受験を通して、試験会場特有の空気になじめるようにしておきましょう。

模試を受けるタイミングとスケジュール例

模試は、受けないと現在地の把握や場慣れができませんが、一方で受けすぎても消化不良になってしまいます。適切な頻度で適切な模試を受験するようにしましょう。

模試を受けるべきタイミング

高1～2の間は、基本的には学校で団体受験する模試にしっかり取り組めばOKです。余裕があれば、記述模試や共通テストの同日受験などにチャレンジしてもいいでしょう。

高3・浪人生の場合は、次のようなタイミングで模試を受験するのがおすすめです。

- 前回の模試から2～3カ月経ったとき
  →比較することで実力の推移を把握できる
- 主要な模試が行われる夏・秋
  →共通テスト模試、冠模試（特定の大学名を冠した専門模試）など
- プレテストが行われる入試直前期
  →共通テストのプレテスト、各大学のプレテストなど

模試の受験スケジュール例

模試には大きく分けて「**マーク式模試（共通テスト模試）**」「**一般的な記述式模試**」「**大学別模試（特定の大学の志望者を対象とした模試）**」の3種類があるので、これらをバランスよく組み合わせるようにしましょう。一概にはいえませんが、難関大受験生なら**平均して月に1回程度の受験頻度になるようにスケジュールを組む**のがいいと思います。

受験生の模試プラン（例）

5月〜6月：一般的な記述式の模試1つ
7月〜8月：マーク式模試1つ、大学別模試1〜2つ
9月〜10月：（余力があれば）一般的な記述式の模試1つ
11月　：大学別模試1〜2つ
12月　：共通テストのプレテスト1〜2つ
1月〜2月：（あれば）志望校を対象としたプレテスト

ちなみに、わたしは浪人時代の1年間、次のようなスケジュールで模試を受験していました（高3のときのものはあまり参考にならないので、浪人時代のものをご紹介します）。

みおりんの模試スケジュール（浪人時）

6月：第1回全国模試（駿台）
7月：第1回東大入試プレ（代ゼミ）・第1回全国マーク模試（駿台）
8月：第1回東大入試実戦模試（駿台）・第1回東大即応オープン（河合）
9月：第2回東大本番レベル模試（東進）
10月：第3回全統マーク模試（河合）
11月：第2回東大入試実戦模試（駿台）・第2回東大即応オープン（河合）・第2回東大入試プレ（代ゼミ）
12月：河合センタープレ・駿台センタープレ
1月：第3回東大本番レベル模試（東進）

※2013年度当時のもの

あくまで一例なので、自分の志望校に合わせて計画を立ててくださいね。

模試の復習法

とにかく復習が命！

模試を受けるにあたって必ず覚えておいてほしいのは、**「模試でいちばん重要なのは『復習』である」**ということです。というのも、模試を受けっぱなしにしてしまうと、それは「ただのアウトプット作業」となってしまうから。

勉強は、**「インプット（知識を入れる）→アウトプット（問題を解く）→再インプット（解けなかったところを確認して知識を入れ直す）→再アウトプット（もう一度解き直す）」**のくり返しが基本です。途中のアウトプットだけで終わってしまっては、必要な知識を入れ直すことができず、ただ「模試を受けた」という自己満足になってしまいます。

また、模試の問題というのは、入試の傾向を踏まえて重要なものや受験生に気をつけてほしい分野などが出題されるもの。したがって、模試で出たことをきちんと復習して自分のものにしていれば、入試当日に活かされる可能性が高くなります。

わたし自身、高校生のころは模試の解き直しノートをサボって職員室に呼び出されたこともあるくらい復習を蔑ろにしていました。ですが、浪人時には徹底的な模試復習を行ったことでぐんぐん実力が伸びていくのを実感し、結果的に第一志望に合格することができました。

みなさんにも、ぜひしっかりと復習に時間を割いてもらいたいなと思います。

わたしは復習に加え、毎回の模試の反省と次回の目標をシートにまとめていました。

☺東大模試　夏の陣☺

	国語	数学	世界史	日本史	英語	その他
7/14 代ゼミ東大プレ①	○古文で、主語が誰なのか全然わからなくなっちゃった。 ○漢文も、もっと全体を見て把握して解答に反映させたい。	○簡単な問題、難しい問題が見抜けたと思う。 ○3完ももう少しだったのに…	○一問一答は80% ○なんかぼーっとしちゃって第2問に時間かかった!! ○第1問 時間切れ…あと、年号取り違えした。	○解説に書いてあることはおおかたわかっているのに、解答にうまくまとまらなかった。 ○明治維新前後はもっとつめるべきかも。	○リスニングが集中できなかった… ○第2問で全滅した!! 速読すると内容のとり方が[illegible] ○読解はよくできた ○全体的に集中できずうまくいかず。	代ゼミだから、結果がよくても悪くても気にしないようにしよう。
6、7月模試の反省 (今後に向けて)	○現代文は、書きたいことはだいたい合ってるのに、取捨選択が誤っている。過去問をこなして感覚を磨きたい!	○プラチカはマスターする。 ・7月と8月で微積と確率を、自信のつくところまでこなしたいと思った。	○ぽろぽろ抜けてるところがある。数も量もこなしてるんだから、そろそろこの努力を点数で回収したい。[illegible]から完璧にしていく。	○文章のまとめ方がうまくなりたい!!だから、優れた模範解答を書いて覚えて身につけようと思う。	○もっといけるはずだと思う。いちばん伸びやすいのは要約・リスニングあたりか。	8月は、A判定かつ成績優秀者をとりたい!! 名前を載せたい!!
8月の目標点	70	30	40	40	80	260
8/10、11 駿台東大実戦①	○古典は大方よい。 ○点数はともかくとして特に課題はない。	○「あと少し」で点にできていない部分が気になる。 ・問題文読み違い!! これだけはもう二度としない!!	・一問一答でこけたのはかなり痛手。 ・第二問 ぼーっとしてしまった。すぐに知識と繋がってない。 ・大論述は取捨選択も[illegible]	・解答の取捨選択 ・あと、もうちょい早く!! ○あとは採点を見てから考えよう…	○リスニング、Aのはじめにいつも聞きとれない[illegible] ・オーダーがよかった。とっても。 ・長文でミスをしているのがもったいない。 ・リスニング満点めざすぞ!!	うっかりミスが散見されたので、今後はなくすようにする。していいミスなどない!!
8/17、18 河合東大即応①	○第4問以外はまあ問題なさそう… ・若干のとりこぼしをなくして完璧な解答に!!	・意外と思うように足らないものだと思えてきた。 ○決定力に欠けてるから、もっと問題演習に取り組む。	・第2問で失敗してる。 ・第1問も知識不足。 ○これからは、もっと細かいところまで[illegible]知識を身につける。	・問題の要求との対話ができないよ～ ○「知ってた、わかってたのに書けない」が多い。 ・文章表現を磨く(速さも!)	・すごく聞き取れたのに、リスニングは記号選択で外してしまった…!! ・前回と同じオーダーで成功。 ○並び替え失敗。文脈をしっかりとっていくことが大事だと思った。	模試の開始時間はまちがえないようにしましょう…(笑)
8月模試の反省 (今後に向けて)	だいたい古典30～40分第1問50～65分第4問30～45分くらいだった。古文単語をやろうか…	「できる」イメージがわいてとてもよかった。このイメージを持ちつづけて、秋からは1問1問をきわめていく。確率と整数問題もやる。	古代ギリシア・ローマが弱いから補強すべし☺ 中国史も各国別で1周したらいいかも。単語カード演習がマスト。	模範解答を解体して構造を把握する作業が必要かも。時間かかるかもだけど、直前にやってたら落ち着くと思うよ。	オーダーが固めにくいけど、自分なりの変更を考慮し、しばられすぎないように気をつける。全て英作文を解く。リスニングはもうここまで来たら満点をとって[illegible]する。	
9月の目標点	70	35	40	45	85	275

9月以降は月に2、3日の割合で「自由日」をつくる

模試の復習用の時間を確保するコツ

では、模試の復習には実際どれくらいの時間をかければいいのでしょうか。

目安としては次のとおりです。

模試の復習に必要な日数＝模試を受けた日数＋0～1日

つまり、1日だけで行われる模試であれば丸1日かけて、2日間かけて行われる模試であれば丸2日かけるくらいのイメージです。「受験した科目が3教科以下の場合は1日、4教科以上の場合は2日を充てる」のように決めておいてもいいでしょう。

こうしたまとまった時間は、待っていても降ってきません。デイリー計画を立てるときに、**模試の直後の日程を復習DAYとして空けておく**ようにしましょう。わたしも写真のように、毎回復習用の日をあらかじめ確保していました。

枠で囲ったところが、模試の復習用に確保していた日程。模試の翌日と翌々日、他の勉強をほとんど入れずに組んでいたことがわかります。

復習のやり方【全教科共通】

ここからは、具体的な模試の復習法を、全教科に共通するポイントと教科別のポイントに分けてご紹介します。

全教科共通でまずやるべきは、**模試が終わったその日のうちに「自己採点」をする**ことです（解答解説冊子が試験当日に配られなかった場合は、配られ次第すぐに行うようにしてください）。

ア～エなどから解答を選択するような問題は試験中に問題用紙に印をつけておき、それをもとに丸つけをするようにしましょう。記述問題は記憶を頼りに、模範解答にある要素のうち解答に盛り込めたと思う部分には赤ペンで、盛り込めなかったと思う部分には青ペンでマークしてください。

次にやるのが、**「解答解説冊子の読み込み」**です。

模試の解答解説冊子には、単なる模範解答だけでなく、間違いやすいポイントや覚え方のコツ、解き方のコツなどさまざまな情報が詰まっています。これを隅から隅まで読み、**知ら**

なかったことすべてにアンダーラインを引いてください。はじめのうちはアンダーラインだらけになってしまうかもしれませんが、それでもかまいません。これにより、自分の知らなかったことやわかっていなかったことをあぶり出すことができます。

最後に**「間違えた原因の特定」**を行います。

間違えてしまった・失点してしまった問題の一つひとつにつき、「これは知識不足（そもそも勉強していないところだった）」「これはど忘れ」「これは単純なケアレスミス」など、その原因を明らかにしましょう。

ここまでできたら、次は教科別に細かく復習をしていきます。

復習のやり方【教科別】

英語・国語の復習法

英語・国語の問題は、暗記系（英単語・英文法・漢字・古典文法など）と非暗記系（長文読解・リスニングなど）の2タイプに分かれます。

暗記系の復習法はシンプルで、**「❶暗記すべき事項をリストアップする→❷自分なりの方法で暗記する」**という流れでOK。❶の暗記事項は、解答解説冊子にアンダーラインを引いたところを中心にリストアップすれば大丈夫です。❷は、「暗記ノートに書いて赤シートで隠して覚える」「何度も書いて覚える」など、自分の覚えやすい方法でかまいません。

非暗記系は、二度と同じ問題が出題されないだけに少し厄介ですよね。次の2つのことをしておきましょう。

❶テクニックの暗記
解答解説冊子に載っている「要約問題の解き方のコツ」や「論述問題の解答のポイント」といったものを暗記する

❷設問別の対策計画
先ほど特定した間違いの原因に応じて、それぞれ具体的なアクションを考える（「読解スピードの遅さが原因で長文読解の点がとれなかったので、速読のトレーニングができる問題集に挑戦する」など）

模試の復習の際に英語のテクニックをまとめていた、大学受験生時代の暗記ノートです。

東大英語の注意点

・和訳をいつも適当に解いてると思う。一語一語吟味して、不足なく完璧に書くべき！

・試験が始まる前に、解答用紙を見てオーダーの作戦を立てたい！

・整序問題で満点をgetするために
ヒント☆ ①同じ語句や意味が同じ語句
②代名詞
③接続語句（接続詞，副詞，副詞句など）
④不定冠詞 a と定冠詞 the

・和訳でこんがらがりやすいのが、語順！
→ほんとうは後ろにあるはずのものが前に節で出てきてたり、ほんとうは前にあるはずなのに長すぎて後ろに行っていたりすることはよくある。柔軟に対応する！

・和訳で、One ~（を漠然とした「人」）の One は特に訳さなくていい。

・スペリングミスの注意
・were などを wer としてしまうことがある

要約問題のポイント

☆最小制限字数に応じて取捨選択を考えよう！
└これに限りなく近いものが理想的となる。

☆テーマ（入れる）、主張（入れる）、論拠（字数に余裕がある場合、入れる）を盛り込めば、8割の得点は確保できる！

☆「理由」などの部分が複数出てきて入らないとき
→それらに共通する概念をつかんで、無駄のない日本語でまとめてしまえ！

☆どこが主張にあたるのかが見えにくい問題の場合、passage（文章全体）を読み終えたら、passageの先頭に戻って読む！
→主張点がつかめる
ex)「A→B→A'」のpassageを
「A→B→A'→A」と読むことで、
A＝論拠（前提）、B＝主張 とわかる。

☆must ; should ; need ; have to などの「必要」や「義務」を表す表現には注目。

非暗記系のなかでやや特殊なのは、**現代国語の読解の復習**です。現国の長文（評論・小説・随筆など）は、ここまでご紹介したことに加え、**本文の構造把握**を行います。解答解説冊子を開き、そこに載っている本文の構成の解説をもとに、問題用紙の文章に書き込みやラインマーキングをしましょう。

書き込み・ラインマーキングの例

数学の復習法

数学の復習では、次の3つのことを行いましょう。

❶間違えた問題の解き直し
完答できなかった問題は基本的にすべて解き直す（歯が立たなかったものは解説を読みながらでもＯＫ）

❷類題を探して解く
間違えた問題と同じ分野・単元の問題を探してきて解く

❸テクニックの暗記
英語・国語と同様に、解答解説冊子に載っているコツやテクニックを覚える

数学でもテクニックを暗記ノートにまとめていました。

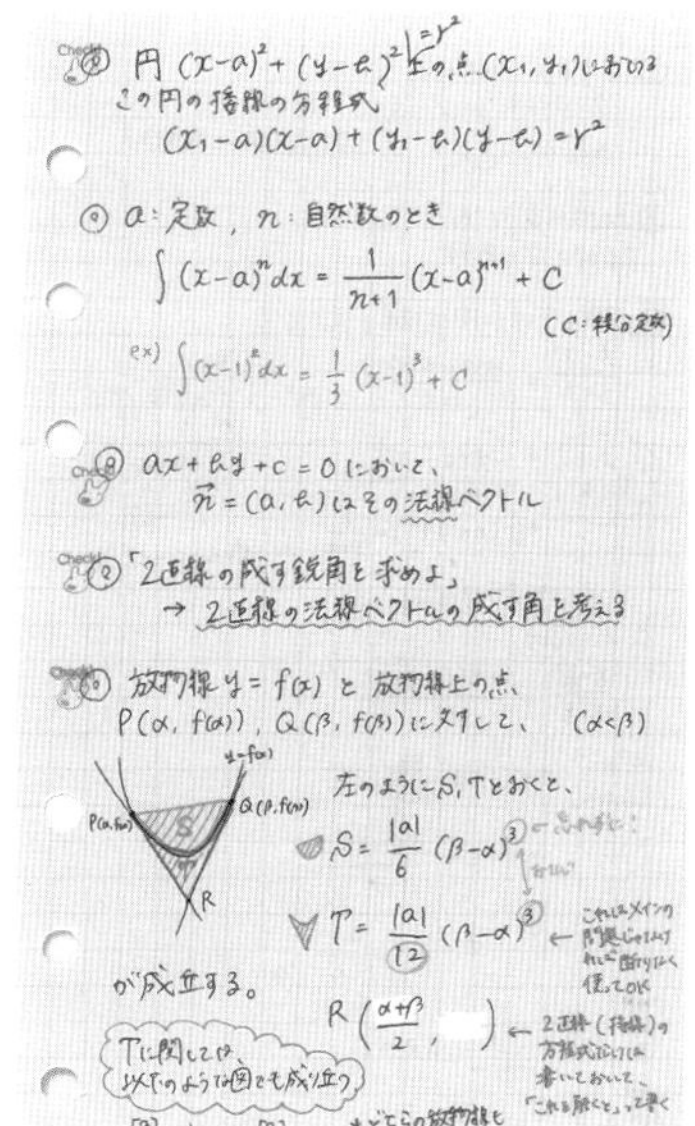

理科・社会の復習法

理科と社会は、ここまでご紹介した方法を組み合わせることで復習ができます。

●暗記系
暗記事項を書き出し、くり返し暗記を行う（用語、年号、化学式など）

●非暗記系【計算問題】
数学と同じように、解き直し・類題探し・テクニックの暗記を行う

●非暗記系【論述問題】
現国と同じように、模範解答の構造把握・解き方のテクニックの暗記を行う

chapter

06

tips

05

過去問の活用法

過去問はなんのために解く?

過去問は実際に出題された問題そのものであるという意味で、**受験勉強の最良の問題集**といえます。

過去問を解く目的は模試を受ける目的とほぼ同様で、大きく次の2つです。

❶自分の現在地や苦手を知るため
❷本番のイメージをもつため

このあと説明しますが、過去問演習の際にはできる限り本番と似た環境を再現し、志望校と自分との距離を正確に測れるように努めましょう。

何年分の過去問を解けばいい？

では、いったいどれくらいの過去問を解けば充分といえるのでしょうか。

その人や志望校にもよりますが、おおむね次のような目安です。

- 第一志望の過去問　10～15年分
- 共通テスト（・センター試験）の過去問　5～10年分
- 併願校の過去問　3～8年分

ただし、最も重要なのは「何年分解くか」ではなく、**「何年分の過去問を『身になるレベルで』やりきれるか」**。模試と同様、復習までしっかりと行うことで実力を上げるようにしてください。

過去問演習はいつから始めればいい？

過去問を最初に解くタイミング

最初に過去問にチャレンジすべき時期は、**高2の1～2月ごろ（もしくは高3に上がる直前の春休み）**です。**入試本番の約1年前のこのタイミングで、第一志望の大学と共通テストの過去問を全受験教科1年分解いてみてください。**予備校が開催している共通テストの同日体験模試のようなものを受験するのもいいでしょう。

ほとんどの人はこの時点ではまだまったく歯が立たないと思いますが、それでかまいません。「これくらい難しいんだ」「これくらいのボリュームの問題を、これくらい短い時間内に解かなきゃならないんだ」という肌感覚をつかめればＯＫ。あと1年間でどんなことをどれくらいがんばらなければならないかのイメージをつかむ手立てにしてください。

本格的な過去問演習のスタート時期

過去問に本格的に取り組むべきタイミングは、**高3の秋～直前期**です。

このチャプターのはじめにもお話ししたように、受験勉強の基本の順序は「基礎レベル──→応用レベル──→本番レベル」。**基礎固めを終え、次に応用問題が解けるようになってきたら、いよいよ過去問や予想問題に挑戦してみましょう。**

その人の状況や志望校によってももちろん変わりますが、一般的には次のような時期から始める人が多いでしょう。

- **第一志望の過去問　10月ごろから**
- **共通テスト（・センター試験）の過去問　11月ごろから**
- **併願校の過去問　12月ごろから**

なお、過去問のなかでも難易度が低い問題については、基礎固めが終わった段階で応用問題のひとつとして取り組むのも手です。たとえばわたしは東大の数学対策として、過去問のうち最も簡単なAレベルの問題（赤本（教学社）でA～Dの4段階にレベル分けがされていました）だけは基礎固めを終えた夏ごろから演習を開始し、Bレベル以上の問題については秋から手をつけるようにしました。

赤本のレベル分けに沿って演習を行うために作った過去問一覧シートです。

東大文系数学

A 31問（37%）　B 46問（54%）　Ⓒ7問（8%）　D 1問（1.2%）　㊎85問

単元		num	level	年度	済	CHECK!		
第1章 整数		1	B	2011				
		2	B	2011				
		3	B	2009				
		4	B	2008				
		5	A	2007	7/22			
		6	A	2006			7/22	
		7	B	2005				
	①	8	B	2003				
	②	9	A	2002				7/23
	③	10	B	1997				
	④	11	A	1993				7/23
	⑤	12	B	1992				
第2章 2次関数		13	B	2004				
	⑥	14	A	1999			7/25	
	⑦	15	B	1989				
第3章 図形と式		16	B	2011				
		17	A	2010		8/30 時間		
		18	B	2010				
		19	A	2009	8/1			
		20	C	2008				
		21	A	2007			8/3	
		22	B	2006				
		23	B	2004				
	⑧	24	B	1997				
	⑨	25	B	1996				
	⑩	26	B	1991				
	(45)	27	C	1989				

ちなみに、わたしは浪人時代、次のような時期から過去問に取り組んでいました（高3のときのものはあまり参考にならないので、浪人時代のものをご紹介します）。

みおりんの過去問演習スタート時期（浪人時）

東大英語の過去問
9月から少しずつ（大問別に）

東大数学の過去問
7月から簡単な問題だけ解き、11月から本格的に着手

東大国語の過去問
現代文は7月から、古典は2月に入ってから（古典は現役時に過去問をがっつりやっていたため、浪人時はそれ以外の問題を多く解いていました）

東大世界史の過去問
7月から少しずつ

東大日本史の過去問
9月から少しずつ

併願校（早稲田大文学部）**の過去問**
2月に入ってから

共通テスト（・センター試験）**の過去問**
12月ごろから（科目によっては過去問には取り組んでいなかったり、代わりに予想問題を使っていたものもあります）

わたしの受験した東大は共通テスト（一次試験）の点数比率が低いので、おのずと二次試験重視のスケジュールとなっています。共通テストの得点の比重が大きい大学・学部を受ける場合はもう少し早くから共通テスト対策に時間を割くなど、志望校によって工夫をしてみてください。

過去問分析のやり方

このチャプターの冒頭でお話ししたように、受験勉強では**過去問分析**が非常に重要です。

分析には大きく2つの段階があります。

❶過去問を解く「前」
→志望校の傾向や配点を知るために分析を行う

❷過去問を解いた「後」
→自分はどの問題でどれだけ得点／失点しているのかを知るために分析を行う

❶は「敵を知る」作業、❷は「自分を知る」作業といえます。孫子の言葉にも**「彼を知り己を知れば百戦殆うからず」**（敵と自分の情勢をよく知っておけば何度戦っても敗れることはない）とあるように、❶と❷両方にしっかり取り組むことで、合格確率を上げることができるのです。

❶過去問を解く「前」の分析のやり方

過去問演習の「前」に調べることは次の4つです。

> ①入試科目
> ②国公立志望の場合、共通テストと二次試験・個別試験の配点比率
> ③各科目の配点
> ④各科目の問題傾向

①～③はインターネットで「○○大学××学部　入試科目」などと検索すればすぐに情報を見つけられます。**④の問題傾向の分析**では、次のようなことを赤本の解説ページや書籍、インターネットなどから徹底的に情報収集しましょう。

問題傾向の分析のポイント

問題形式
「マーク式なのか？　記述式なのか？」「短文記述なのか？　長文論述もあるのか？」「解答欄のサイズ」など

大問構成
「東大国語は第1問が評論寄りの現代文、第2問が古文、第3問が漢文、第4問が随筆寄りの現代文」など

頻出分野
よく出る単元や時代など

問題のクセ
「東大の評論では『～はなぜか』『～はどういうことか』しか基本的に問われない」など

合格者の科目別得点パターン
「国語と世界史では差がつきにくいが、残りの英語で合格と不合格が分かれる」など

調べたことは紙にまとめ、壁に貼るのがおすすめです。常に目に入るようにしておくことで志望校への意識が高まり、正しい方針で勉強をつづけることができますよ。

❷過去問を解いた「後」の分析のやり方

つづいて、過去問を解いた「後」の分析です。過去問演習の時期（高3の秋ごろ）になったら、**過去問を解くたびに、得点やその内訳を記録していきましょう**。わたしは下のようなワークシートを自分で作って管理していました。

その年の合格者平均点や最低点がわかれば、必ず自分の点数と比較をしてください。「この年度の入試であれば自分は（どれくらいの点差で）受かった／落ちたのか」がわかり、志望校と自分との距離を知ることができます。

併願校の過去問演習の際につけていた記録シートです。

早稲田大学入試（2007～2013）

年度		英語（90分、75点）	国語（90分、75点）	世界史（60分、50点）	合計点	合格最低点（成績標準化後）	備考
2013 (1/23 (世:12/2))	正答数	80min 34/38（Ⅴ除く）	80min 36/42マーク、21/25問	33/40		127.3（センター併用：132）	成績標準化前の受験者平均 英語44.9/国語51.0/世界史30.3/日本史30.4
	正答率	89.5%（〃）	85.7%　84%	82.5%	85.5%前後		
	得点（換算）	63点くらい？（Ⅴ含…）	64点くらい（85%とし…）	41.3点くらい	168点くらい		
2012	正答数	29/38（Ⅴ除く）	70min 33/38マーク：22/27問	34～35/43		127.8	英：Ⅰ 22.5min（XXmin）Ⅱ 27min（ご両…）Ⅲ 20min Ⅴ 11min Ⅳ 8.5min
	正答率	76.3%（〃）	86.8%　81.5%	79.1%～81.4%	81%前後		
	得点（換算）	55点くらい？（Ⅴ無…）	64点くらい	39.6～40.7点	159点		
2011	正答数	30/38	65min 35/40マーク　21/26問	37/47		127	
	正答率	78.9%	87.5%　80.8%	78.7%	81%くらい		
	得点（換算）	55点くらい？	65点くらい	39.4点	160点くらい		
2010	正答数			33～34/42		128	
	正答率			79.8%			
	得点（換算）			39.9点			
2009	正答数					129	
	正答率						
	得点（換算）						

過去問を解くときのポイント

❶本番と同じ時間で解く

過去問を解くときには、必ず**本番と同様の時間を計る**ようにしましょう。

もし制限時間内に終わらない場合は、時間内に終わったところに印をつけ、時間を延長して納得いくまで解いてみてください。解き終わるまでにかかった延長時間の長さも記録しておきましょう。自己採点の際には、「時間内にとれた点数」と「延長時間でとれた点数」に分けて記録をつけます。

直前期の過去問演習では**時間配分の練習**も重要になってきます。わたしは東大の過去問や予想問題を解くときには、**常に大問別にかかった時間を記録し、入試当日の解く順番や、各大問にかけていい上限時間を決めていきました**。

❷本番の解答用紙を再現する

過去問演習では、**解答は本番同様の解答用紙に書き込む**ようにしましょう。たとえばマークシート方式の試験ならマークシート、無地の解答用紙に解いていく試験なら同じサイズの無地のノートを使います。

もしマークシート式で行われる共通テストの過去問を解くときに、問題用紙の記号を囲むだけで解答していたら、本番では発生するはずのマークシートを塗りつぶす時間を含めることができません。これでは、本番で試験時間内に解答が終わらないということにもなりかねませんよね。記述式の対策でも、際限なく書けるノートに解答を書いて過去問演習をしていた場合、本番の解答欄に答えが入りきらないという可能性もあります。

❸復習と振り返りを徹底する

問題を解き終わったら、必ず**復習と振り返り**を行います。

過去問の復習のやり方は基本的に模試と同じなので、「模試の復習法」（166ページ）を参考にしてください。振り返りでは次のようなことを考えるようにしましょう。

- 自分はどこで失点したのか
- その失点の原因はなにか
- 失点を防ぐために今日からできることはなにか

受験の勉強計画におすすめのアイテム

みおりんStudy Time 勉強管理帳 B5

本書でご紹介したステップに沿って勉強計画を立てることができる専用アイテム。やることリストから年間計画、デイリー計画までフォーマットがすでに印刷されているので、これ一冊で細かな受験計画を立てることができます。

学習タイマー ルラップ（キングジム）

かかる時間の見積もりや勉強時間の記録に加え、受験勉強では問題演習の際の時間配分の練習にタイマーは不可欠。この商品は大問別にかかった時間を計れるLAPタイム機能がついており、過去問や予想問題の演習にぴったりの学習タイマーです。カウントダウン機能もあるので、入試までの日数をカウントすることもできます。

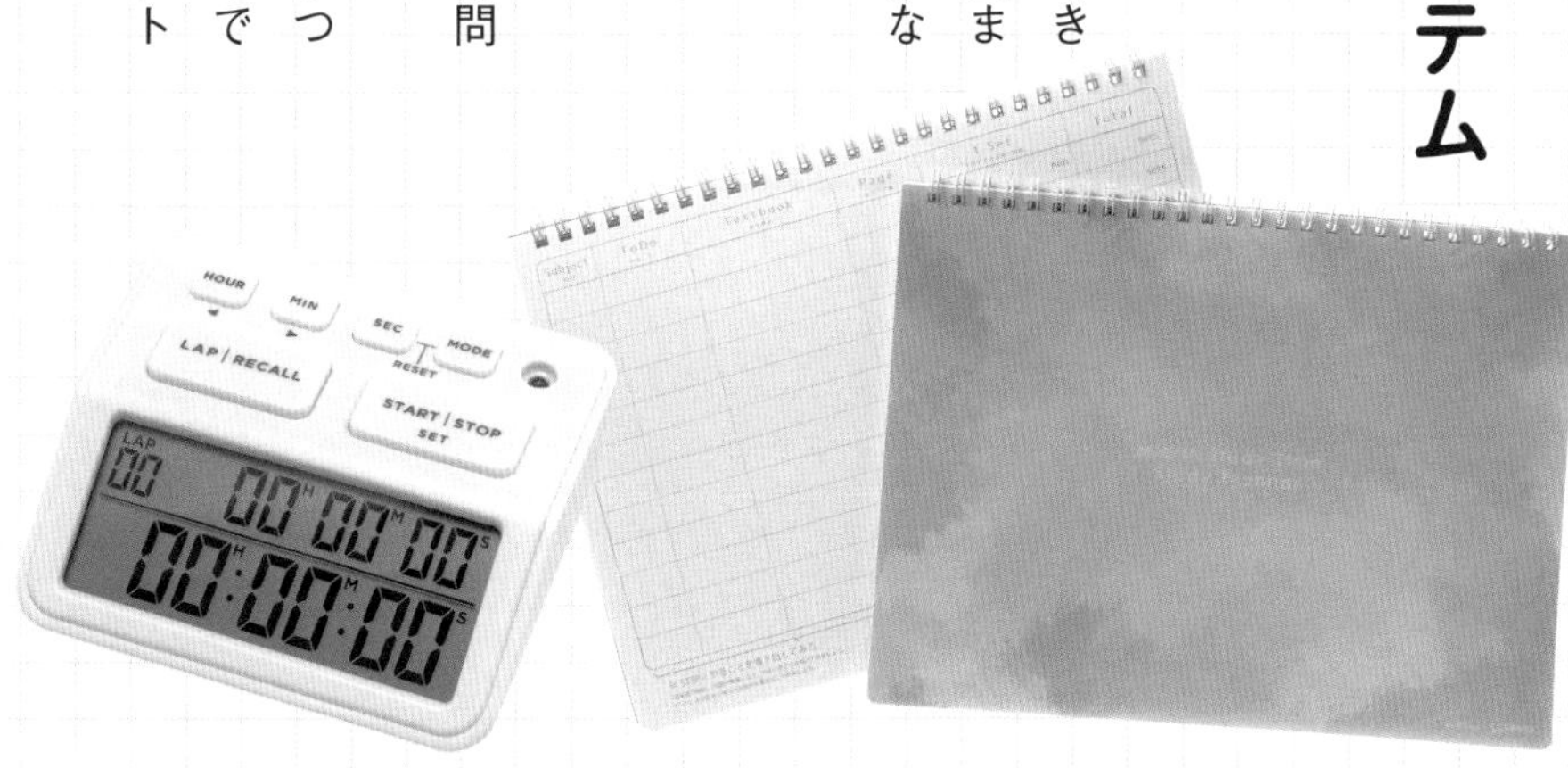

勉強計画の立て方
まとめ

	しっかり派さん	ざっくり派さん
普段	デイリー版 3ステップ式計画法 ➡60ページ	ToDoリスト式計画法 ➡63ページ
テスト勉強	短期版 3ステップ式計画法 ➡86ページ	ToDoリスト式計画法 ➡91ページ
長期休み	短期版 3ステップ式計画法 または ポイントビュッフェ式計画法 ➡106ページ	ToDoリスト式計画法 または マイルストーン式計画法 ➡114ページ
受験	長期版3ステップ式計画法 ➡132ページ	

Q&A

みおりんのお悩み相談室

　みおりんのもとには、フォロワーさんから日々たくさんのお悩み相談が寄せられています。ここでは計画術に関するお悩みをはじめ、高校生のみなさんからよくいただく学習相談にQ&A形式でお答えしたいと思います。

Q

勉強計画を立てても、結局そのとおりの勉強ができません。どうしたらいいでしょうか？（高2）

A

「なぜ計画に沿った勉強ができないのか？」という理由を一度じっくり考えてみましょう。出てきた理由によって、いろいろな対策が考えられると思います。

たとえば「やる気が出なくて計画倒れしてしまう」「家族での外食など、ちょっとした想定外の予定が入ると計画が崩れてしまう」という場合は、計画をキッキッに立てすぎている可能性があります。**崩れない勉強計画とは、「ちょっとのモチベーションダウンや予定の変更では大きく揺るがない計画」です。**日々のタスクをゆるめにする、タスクを入れない調整日を作るなど、ある程度ゆとりをもった計画を立てるようにしましょう。

あるいは「勉強計画を立てるところまでで満足してしまって、そのとおりに動くのが億劫になってしまう」というような場合は、しっかりとした計画はあえて立てないようにしたほうがいいかもしれません。ざっくりとToDoリストだけ作って、終わったらそのタスクを消していくくらいのゆるい方式に変えたほうが楽しく勉強できることもあります。

Q

少しでも計画が崩れるとすぐにモチベーションが下がって、すべてが嫌になってしまいます……。（高1）

A

わたしももともと超完璧主義タイプなので、気持ちがよくわかります。

ですが絶対に覚えておいてほしいのが、**「ぴったり計画どおりに進むことなどありえない」**ということ。どんなに考えて立てた計画も、絶対にどこかで現実とのギャップが出ます。前述したとおり、**計画の「くずれ」はNGですが、「ずれ」はOKです。**計画はあくまで計画。「おおむねこのくらいのペースでこれくらいのことを終えよう」という目安として捉えればいいのです。

これまでご紹介したような調整日（タスクゼロDAY）を作ったり、日々のタスクをゆるめにしたりといった工夫をして、**少しずれてもすぐに巻き返せるような計画**を作っていきましょう。

Q

モチベーションが長続きしません。どうしたらやる気を持続できるでしょうか？（高2）

A

一度モチベーションが上がっても、それをそのまま保つのってなかなか大変ですよね。やる気をキープするコツを2つご紹介します。

1つは、**目標を掲げる**ことです。なんの目標もなく勉強のやる気を持続させるというのは難しいもの。**高校生活の最終的な目標**（例：「○○大学に合格する」）と、**近くて具体的な目標**（例：「次の定期テストで○点をとる」「次の模試でA判定をとる」「1日3時間の勉強を1週間つづける」）をつくり、それを紙に書いて机の前に貼ってください。目標は常に意識できる状態にすることで、自然と叶えやすくなります。画像にしてスマホの壁紙に設定するのもいいでしょう。

もう1つは、**自分のモチベーションにつながるものをストックしておく**ことです。人それぞれ、「これを観たり聴いたりすると勉強のやる気が湧いてくる！」というものがあると思います。それは憧れの大学に通う学生のYouTubeチャンネルや志望校のパンフレット、先輩たちの合格体験記といったものかもしれないし、あるいは推しの動画や曲、格言といったものかもしれません。どんなものでもかまわないので、「自分はこれを使うとやる気が上がる」というものを知ってストックしておきましょう。やる気が下がりかけたときに活用することで、また軌道修正することができます。

ただし、**いちばんいいのは「モチベーションがなくても勉強できる仕組み」を作ることです**。どんな人でも、モチベーションには波が生じます。そのような不安定なものを拠りどころにして勉強しようとするのは、じつはとても危ないことです。

わたしは勉強が好きではありませんでしたが、大学受験の期間中、モチベーションについて悩んだことは一度もありませんでした。それはなぜかというと、**「東大に入る」と決めていたから**です。「入りたいなぁ」と夢見るのではなく「入る」と決めていたので、そのために必要な勉強を毎日粛々とこなすしかなかったんです。

そこで重要になるのが**「勉強計画」**。計画があればその日にやるべき勉強がはっきりするので、モチベーションがどうこうと言う間もなく勉強が進みます。そういう意味でも、勉強計画はとても大切な要素なのです。

Q

気づくとすぐにスマホを触ってしまい、集中力がなかなかつづきません。集中するコツはありますか？（高1）

A

スマホ依存を軽減するのに、個人的にいちばん効果があったのは**「スマホを別室に置く」**ということです。電源を切っても近くに置いておくとつい気になってしまうので、そもそも立ち上がって取りに行かないと触れない場所にスマホを置くのがおすすめです。

ほかには、

- **スマホ依存解消アプリを活用する**
「スマホをやめれば魚が育つ」「集中」などのアプリがおすすめ！

- **スマホのタイムラプス機能で勉強風景を撮影しながら勉強する**
撮影中はスマホを触れなくなり、撮影後は動画を見て達成感を味わえる

- **逆スクリーンタイムを記録する**
勉強以外のことにスマホを「使わなかった時間」を記録し、自己肯定感を上げる

- **スマホの画面表示をグレースケール（モノクロ）に設定する**
カラーに比べてスマホの魅力が下がるといわれている

といったことも効果的です。

以上はスマホと上手に付き合うためのコツですが、単に「集中する方法」ということに関していうと、わたしは**「集中できないなら集中しなくてもいい」**と考えています。

わたし自身全然集中力がなく、しっかり集中できるのは20分程度しかありませんが、**集中しなくても勉強はできます**。集中力がないからといって悲観的にならず、短時間に区切る、自分が勉強しやすい環境を整える、学習タイマーを使うなどの工夫をしながら勉強するようにしましょう。

Q

なかなか勉強習慣がつかないのですが、なにかコツはありますか？（高1）

A

まずは**勉強に対するハードルを下げましょう。**

「1日5分は机の前に座る」「1日1回は教科書をめくってみる」といった小さな行動を1つ決め、それをしばらくつづけてみてください。自然にだんだんと「机の前に座ったたし、参考書を広げてみようかな」「教科書をめくってみたし、1問くらい問題を解いてみようかな」という気持ちが生まれてきます。

また、**日々のルーティンのなかに勉強を組み込む**というのもおすすめです。

「行きの電車の中では単語帳を読む」「歯磨き中は英語の音声を聴く」など、毎日の生活ルーティンのなかにちょっとした勉強をセットで入れてしまいましょう。少しつづけると、いつのまにかそれをしないと気持ち悪いような感覚になっていきます。

ほかには次のようなこともおすすめ。自分に合いそうなものを試してみてくださいね。

・勉強タイムを固定する

「帰宅後の30分勉強する」「寝る前の15分勉強する」など勉強のタイミングを決める

・一日の終わりに勉強時間を記録する

タイマーで時間を計りながら勉強し、科目別と合計の勉強時間を手帳などに記録する

・勉強環境を整える

誘惑になるものは片づけ、勉強しやすいスペースを作っておく

・SNSの勉強垢でやることを宣言する

勉強用アカウントを作り、今日のやること・今日やったことを宣言するようにする

Q

学校から帰ってくると疲れて寝てしまい、なかなか勉強できません……。（高1）

A

わかります……特に部活がハードだったりすると、家に帰ってからの気力や体力がなくなってしまいますよね。

帰宅後すぐの勉強が厳しい場合は、**一度仮眠をとってから勉強をするか、潔く早めに寝て翌朝勉強するようにしましょう。**眠い状態で勉強してもなかなか知識は身につかないので、思い切ってしっかり寝てしまうほうがおすすめです。

わたしは部活の忙しい時期とテスト前の期間が重なってしまったときなどは、家に帰れば寝てしまうことがわかっていたので、**学校近くのカフェに寄ってなんとか課題を終わらせてから帰宅する**ようにしていました。図書館や自習室に行くのもいいと思います。

Q

定期テストの勉強と受験勉強を両立させるにはどうしたらいいですか？（高2）

A

定期テストの範囲は、学校の授業で習った範囲。学校の授業で習った範囲は、受験の範囲。ですので本来的には、**定期テストの対策は受験の対策にもなる**はずです。**受験の対策を兼ねて定期テストに全力で取り組む**、というのが基本的な方針です。

ただし、「受験のために個人的に使っている英単語帳を、テスト前にも勉強したい」といった場合もあるかと思います。その際は、テスト前の期間に限り、**「定期テスト対策：受験専用の対策＝8：2」くらいの割合にして受験専用の勉強をまぜる**ようにするといいでしょう。勉強計画のなかにあらかじめ入れ込んでおけばＯＫです。

なお、推薦入試（学校推薦型選抜）などを視野に入れている場合は、普段の定期テストの成績が受験と直接結びつく場合もあるのでしっかりと対策をしておきましょう。

Q

周りと比較してしまい、劣っていると落ち込んでしまいます。人と比べないコツはありますか？（高1）

A

まず、**勉強は相対評価ではなく絶対評価**だということを知っておきましょう。

テストで点数や順位が出るのでどうしても人と比べてしまいがちですが、本来勉強というのは「その人自身が、どの程度学びを身につけられたか」が重要なものです。

たとえばあるテストで、あなたが80点、Aさんが90点をとったとしたら、あなたはAさんより点数は低いけれど、80点分の学びを身につけられたことになりますよね。逆に、あなたが40点、Aさんが30点だったら、あなたはAさんより高い点数をとっていますが、40点分の学びしか得られていないということになります。どちらのほうがあなたのためになっているかは明らかですよね。

また、**勉強で伸びるタイミングや花が咲く分野は、人によってまちまち**です。いま周りより点数が低かったとしても、これから大きく伸びるかもしれません。みんなが得意としていない分野で、誰よりも実力を発揮できるかもしれません。**自分に合った方法や計画で地道に勉強を重ねていけば、望む結果は必ず得られます。**

周りの誰かにとってではなく、自分にとって理想の進路や将来を手に入れるために、自分なりのペースでがんばっていきましょう。

Q

受験勉強、なにからすればいいかわかりません。優先順位のつけ方を教えてください。（高2）

A

まずは**受験についての情報収集**を行う必要があります。最初にやってほしいのが**志望校分析**。志望校がまだ決まっていない場合は、「ここに行けたらうれしいな」という大学・学部を仮の志望校としてみましょう。2～3つ選んでもOKです。志望校分析で見る主なポイントは、**「試験科目」「配点」「試験時間」「よく出る分野」「配点の高い分野、科目」「合格者平均点」「合格者最低点」**。これをもとに受験の勉強計画を立てましょう（計画の立て方はチャプター6を参考にしてください）。

具体的な勉強内容のアドバイスとしては、やはり**英語・数学を早めに完成させる**こと。これらは積み上げ科目で、直前期の詰め込みで成績を伸ばすのが難しいからです。特に**英単語と英文法、数学の基礎レベルの問題はなるべく早いうちにマスターしておく**のがおすすめです（高3のときのわたしが反面教師）。また、全科目にいえることですが、とにかく基礎をおろそかにせず、**「基礎レベル→応用レベル→本番レベル」の順で地道に着実に力をつけていく**ことを意識してください。

みおりん

勉強法デザイナー。地方公立校から東京大学を目指すも、高3では無計画に勉強をした結果、大差で不合格に。1年間の自宅浪人生活を通して「崩れない勉強計画術」を確立し、東大文科三類に合格。同大学法学部を卒業後、都内の IT 企業での勤務を経て 2020 年に独立。

YouTube「みおりんカフェ」（チャンネル登録者数 15 万人／ 2024 年1月時点）をはじめとした各種 SNS やブログでは、「すべての人にごきげんな勉強法を」をコンセプトに子どもから大人まで使える勉強法やノート術を紹介中。総フォロワー数は 25 万人を超える。文房具シリーズ「みおりん Study Time」のプロデュースや学校講演、イベント登壇なども実績多数。

著書に『東大女子のノート術 成績がみるみる上がる教科別勉強法』（エクシア出版）や『中学生のおうち勉強法』シリーズ（実務教育出版）、『大学合格を引き寄せる! 東大卒がおしえる 逆転おうち勉強法』（KADOKAWA）、『豆腐メンタルのわたしが宅浪で東大に入れた理由』（二見書房）など。

■ YouTube チャンネル：『みおりんカフェ』

■ブログ：『東大みおりんのわーいわーい喫茶』

■ Instagram：@miorin2018

■ X（旧 Twitter）：@miori_morning

■ TikTok：@miorincafe

公式 LINE

みおりんの最新情報を受け取ったり、みおりんへのメッセージを送ったりすることができます。

東大卒女子の最強勉強計画術

イラスト	もものどあめ
DTP	株式会社　明友社
デザイン	Q.design　別府拓
校正	秋下幸恵、佐藤玲子

本書の無断転載、複製、複写（コピー）、翻訳を禁じます。本書を代行業者等の第三者に依頼してスキャンやデジタル化することは、たとえ個人や家庭内の利用であっても、著作権法上、認められておりません。